# Advanced Purchasing & SCM

**Series Editors:**

Gerd Kerkhoff
Erik Hofmann
Wolfgang Stölzle

Für weitere Bände:
http://www.springer.com/series/8869

Erik Hofmann · Daniel Maucher · Jens Hornstein ·
Rainer den Ouden

# Investitionsgütereinkauf

Erfolgreiches Beschaffungsmanagement
komplexer Leistungen

Prof. Dr. Erik Hofmann
Universität St. Gallen
Kerkhoff Competence Center
of Supply Chain Management
Lehrstuhl für Logistikmanagement
Dufourstrasse 40a
9000 St. Gallen
Schweiz
erik.hofmann@unisg.ch

Daniel Maucher
Universität St. Gallen
Kerkhoff Competence Center
of Supply Chain Management
Lehrstuhl für Logistikmanagement
Dufourstrasse 40a
9000 St. Gallen
Schweiz
daniel.maucher@unisg.ch

Jens Hornstein
Kerkhoff Consulting GmbH
Elisabethstraße 5
40217 Düsseldorf
Deutschland
j.hornstein@kerkhoff-consulting.com

Rainer den Ouden
Kerkhoff Consulting GmbH
Elisabethstraße 5
40217 Düsseldorf
Deutschland
r.denouden@kerkhoff-consulting.com

ISBN 978-3-642-22711-0          e-ISBN 978-3-642-22712-7
DOI 10.1007/978-3-642-22712-7
Springer Heidelberg Dordrecht London New York

Die Deutsche Nationalbibliothek verzeichnet diese Publikation in der Deutschen Nationalbibliografie; detaillierte bibliografische Daten sind im Internet über http://dnb.d-nb.de abrufbar.

© Springer-Verlag Berlin Heidelberg 2012
Dieses Werk ist urheberrechtlich geschützt. Die dadurch begründeten Rechte, insbesondere die der Übersetzung, des Nachdrucks, des Vortrags, der Entnahme von Abbildungen und Tabellen, der Funksendung, der Mikroverfilmung oder der Vervielfältigung auf anderen Wegen und der Speicherung in Datenverarbeitungsanlagen, bleiben, auch bei nur auszugsweiser Verwertung, vorbehalten. Eine Vervielfältigung dieses Werkes oder von Teilen dieses Werkes ist auch im Einzelfall nur in den Grenzen der gesetzlichen Bestimmungen des Urheberrechtsgesetzes der Bundesrepublik Deutschland vom 9. September 1965 in der jeweils geltenden Fassung zulässig. Sie ist grundsätzlich vergütungspflichtig. Zuwiderhandlungen unterliegen den Strafbestimmungen des Urheberrechtsgesetzes.
Die Wiedergabe von Gebrauchsnamen, Handelsnamen, Warenbezeichnungen usw. in diesem Werk berechtigt auch ohne besondere Kennzeichnung nicht zu der Annahme, dass solche Namen im Sinne der Warenzeichen- und Markenschutz-Gesetzgebung als frei zu betrachten wären und daher von jedermann benutzt werden dürften.

*Einbandentwurf:* eStudio Calamar S.L., Heidelberg

Gedruckt auf säurefreiem Papier

Springer ist Teil der Fachverlagsgruppe Springer Science+Business Media (www.springer.com)

# Vorwort zum Band

Die Beschaffung von Büromaterial gestaltet sich im Allgemeinen als Vorgang mit relativ niedriger Komplexität. Eine geringe Wertigkeit, eine kurze Lebensdauer, eine einfache Funktion und dementsprechend eine große Auswahl an Lieferanten vereinfachen den Einkaufsprozess. Demzufolge wird die Beschaffung von Büromaterial eher als unkritischer Prozess und als ungeliebte Nebentätigkeit betrachtet und daher dem Einkauf überlassen. Die Beschaffung von Produktionsmaterial ist ebenfalls eine eher einfache Einkaufsdisziplin. Benötigte Teile sind klar spezifiziert und Bestellmengen sowie Bestellzeitpunkte werden von IT-Systemen genauestens kalkuliert. Kritisch wird es erst, wenn Materialien oder Zukaufteile fehlen, zu spät geliefert werden oder von schlechter Qualität sind.

Von weitaus höherer Komplexität ist hingegen die Beschaffung von Investitionsgütern. Häufig werden große Investitionen für Anlagen mit hoher Lebensdauer getätigt. Technisch komplexe und stark vernetzte Einheiten werden meist nur von wenigen Spezialanbietern angeboten. Hier stehen in vielen Unternehmen lediglich technische Aspekte im Fokus, der Einkauf wird dabei als Projektteilnehmer häufig vernachlässigt, obwohl sich dessen Expertise als hilfreich erweisen würde. Der Beschaffungsprozess wird durch einen Budgetverantwortlichen geplant, gesteuert und letztendlich durchgeführt, oft mit nur unzureichender Einbindung des Einkaufs.

Die Industrie in Deutschland investierte 2009 mehr als 46 Mrd. €, Tendenz steigend. Wurden 2002 noch 18,3% des Bruttoinlandsproduktes (BIP) investiert, so schätzt die EU-Kommission nach einem Rückgang 2009 für 2011 einen Anteil von 18,7% und für 2012 über 19%. Dieser hohe Anteil am BIP spiegelt sich jedoch nicht in einer wachsenden Bedeutung des Investitionsgütereinkaufs in deutschen Unternehmen wider. Dabei werden langfristige Entscheidungen getroffen, die eine genaue Analyse der Lebenszykluskosten und nachhaltige Konzepte für Instandhaltung, Wartung und Service erfordern. Doch federführend bei der Auswahl von Produkten und Lieferanten sind meistens nicht Fachkräfte im Einkauf, sondern andere direkte oder indirekte Unternehmensfunktionen wie Produktion oder Entwicklung. Diese Tatsache erleichtert es der Argumentation des Vertriebs von Investitions- und Anlagegütern, die Bedeutung der gesamten Lebenszykluskosten herunterzuspielen und plakative Produktattribute, wie z. B. neu, einfach oder leistungsstark hervorzuheben. Dabei wird die Bedeutung der Vergabeentscheidung gerade durch den hohen finanziellen Einsatz und die lange Nutzungsdauer der Investitionsgüter hervorgehoben.

Investitionsgütereinkauf stellt als Kombination aus kaufmännischer Betrachtung und Projektmanagement ein Sonderfall im Einkauf dar. Die Auswahl eines Lieferanten hat dabei immer auch Auswirkungen auf verbundene Kosten, wie Initialkosten (z. B. Bauleistungen) oder Folgekosten (z. B. Wartung). Diese besonderen Herausforderungen unterstreichen die Wichtigkeit des Investitionsgütereinkaufs und erfordern darüberhinaus hoch qualifiziertes Personal zur Bewältigung der damit verbundenen Aufgaben.

Aufgrund dieser großen praktischen Bedeutung stellen die Autoren zahlreiche Methoden und Instrumente vor, die dem Anspruch des Investitionsgütereinkaufs, nachhaltig Nutzen zu generieren, gerecht werden. Die Beschaffungsdisziplin Investitionsgütereinkauf wird durch die vorliegende Ausarbeitung insgesamt einem höheren Professionalitätsniveau zugeführt.

Kerkhoff Consulting GmbH  
Deutschland  
im Juni 2011

Oliver Kreienbrink,  
Partner

# Geleitwort zur Schriftenreihe

Der Trend zur Globalisierung und zunehmenden Arbeitsteilung sowie die rasante Entwicklung der Informations- und Kommunikationstechnologie haben zu weltweiten, durch Material-, Informations- und Finanzmittelflüsse verbundenen Wertschöpfungsnetzwerken geführt. Diese globalen Supply Chains stellen aufgrund ihrer Komplexität und der länderübergreifenden Struktur große Herausforderungen an die beteiligten Akteure.

Dem Supply Chain Management kommt dabei die Aufgabe zu, unter Beachtung ökonomischer, ökologischer und sozialer Aspekte (Stichwort: Nachhaltigkeit), effiziente Wertschöpfungsnetzwerke zu planen und zu lenken. Eine professionelle Beschaffungsfunktion (Advanced Purchasing) umfasst dabei das ganzheitliche Management aller Prozesse zur Versorgung eines Unternehmens mit den benötigten Gütern aus unternehmensexternen Quellen. Dabei steht zunächst das Ziel der Realisierung von Wettbewerbsvorteilen des eigenen Unternehmens im Vordergrund. Durch die Verknüpfung der Beschaffung mit dem Supply Chain Management können darüber hinaus unternehmensübergreifende Verbesserungen erzielt und nachhaltig gefestigt werden.

Beschaffung als Bestandteil von Supply Chain Management zählt zu den zentralen Managementaufgaben – in vielen Unternehmen sind sie bereits in der obersten Führungsebene verankert. Aufgrund dieser Relevanz sind Beschaffungs- und Supply Chain-Manager bereits heute nicht mehr ausschließlich auf die Reduzierung von Kosten fokussiert, sondern tragen zur Differenzierung von Unternehmen und Wertschöpfungsnetzwerken bei. Die Konfrontation mit Fragestellungen wie Risikomanagement, Finanzierung, Nachhaltigkeit in der Supply Chain sowie Produktinnovationen wird in den kommenden Jahren aufgrund neuer Herausforderungen steigen. Dazu zählen sich ändernde politische Rahmenbedingungen, Oligopole auf Anbietermärkten und knappe Ressourcen.

Trotz der großen praktischen Bedeutung der Beschaffung erscheinen diese zukünftigen Herausforderungen aus wissenschaftlicher Sicht noch nicht ausreichend gewürdigt. Auch die Verbindung von Beschaffung und Supply Chain Management wurde noch nicht umfänglich erforscht. Die Buchreihe „Advanced Purchasing & Supply Chain Management" soll einen Beitrag dazu leisten, diese Lücken zu schließen. Damit einher geht der Anspruch, sowohl für die Wissenschaft als auch für die Praxis einschlägigen Nutzen zu generieren. Die in dieser Reihe erscheinenden

Publikationen werden außerdem parallel dazu in der englischsprachigen Reihe „Professional Supply Management" veröffentlicht.

Die Realisierung dieser Zielsetzung wird vom „Kerkhoff Competence Center of Supply Chain Management" (KCC) – einer gemeinsam initiierten Exzellenzplattform von Kerkhoff Consulting und dem Lehrstuhl für Logistikmanagement der Universität St. Gallen – gestützt. Das Ziel des KCC ist es, eine Schnittstelle zwischen Wissenschaft und Praxis zu schaffen. Es sollen Trends und Herausforderungen in Einkauf, Beschaffung und Supply Chain Management analysiert sowie Handlungsempfehlungen für die Praxis abgeleitet werden. Darüber hinaus wird ein praxisrelevanter Erkenntnisfortschritt in Beschaffung und Supply Chain Management angestrebt.

Die Beiträge der Buchreihe „Advanced Purchasing & Supply Chain Management" behandeln aktuelle Fragestellungen sowie Innovationen und Exzellenz-Ansätze im Management von Wertschöpfungsnetzwerken und verknüpfen theoretische Konzepte mit praktischen Anwendungen. Die Autoren setzen sich aus Forschern der Universität St. Gallen, Wissenschaftlern weiterer führender internationaler Forschungseinrichtungen mit den Schwerpunkten Beschaffung und Supply Chain Management, Beratern von Kerkhoff Consulting sowie weiteren Experten aus der Praxis zusammen. Durch die Bildung gemischter Autorenteams aus Wissenschaft und Praxis entsteht eine enge Verzahnung dieser Bereiche.

Nach Durchschreiten der Wirtschafts- und Finanzkrise 2008/2009 stehen die Zeichen in vielen Unternehmen wieder auf Wachstum. Zwar zeigen die durch den Einkauf in der Krise angestoßenen Kostensenkungsprogramme vielfach noch Wirkung, doch der Fokus in den Einkaufsabteilungen liegt derzeit vor allem der Sicherstellung der Verfügbarkeit. Ferner empfiehlt es sich, auch Ersatz- und Erweiterungsinvestitionen sowie deren Kosten im Auge zu behalten. Dies trifft besonders auf die Beschaffung von Investitionsgütern zu.

Im ersten Band der Reihe werden ausgehend von der Situation eines erhöhten Kapitalbedarfs bei gleichzeitig zurückhaltender Kreditvergabe der Banken, Konzepte zur Ermittlung und Stärkung der Innenfinanzierungskraft aus Unternehmenspraxis- und aus Supply Chain-Sicht und damit „Wege aus der Working Capital-Falle" vorgestellt. Ferner werden konkrete Handlungsempfehlungen für Einkaufsverantwortliche und Supply Chain-Manager ausgesprochen, um die finanzielle Wettbewerbsfähigkeit des eigenen Unternehmens und der Wertschöpfungspartner zu steigern. Als weitere Themen der Reihe sind die „Erfolgsmessung in der Beschaffung", „Evaluierung und Differenzierung von Supply Chains", „Kostenstrukturanalysen im Einkauf" sowie „Beschaffung von Instandhaltungs- und Wartungsleistungen" geplant.

Das vorliegende Buch repräsentiert den zweiten Band der Reihe. Bezugnehmend auf die besonderen Herausforderungen, die der Investitionsgütereinkauf an die beteiligten Akteure stellt, werden Instrumente und Methoden erläutert, mit denen diesen Herausforderungen begegnet werden kann. Der dargestellte Prozess zur Beschaffung von Investitionsgütern dient weiterhin dazu, den komplexen Beschaffungsprozess zu strukturieren und die relevanten Instrumente und Methoden darin zu positionieren. Das Buch leistet damit einen Beitrag zur Professionalisierung eines in der Literatur bisher wenig beachteten Erfolgsfaktors des Beschaffungsmanagements.

Die Herausgeber der Schriftenreihe wünschen den Lesern dieses Bands ein ausgeprägtes Interesse sowie zahlreiche Anregungen zur Bewältigung der Herausforderungen im Investitionsgütereinkauf. Wir sind überzeugt, dass der dargestellte Beschaffungsprozess sowie die präsentierten Instrumente und Methoden hierfür einen wertvollen Beitrag leisten.

| | |
|---|---:|
| Düsseldorf, Deutschland | Gerd Kerkhoff |
| St. Gallen, Schweiz | Erik Hofmann |
| St. Gallen, Schweiz | Wolfgang Stölzle |
| im Juni 2011 | |

# Inhalt

1 **Einführung in den Investitionsgütereinkauf** . . . . . . . . . . . . 1
   1.1 Investitionsgüter als Beschaffungsobjekt . . . . . . . . . . . . 1
   1.2 Relevanz des Investitionsgütereinkaufs . . . . . . . . . . . . . 3

2 **Charakterisierung von Investitionsgütern** . . . . . . . . . . . . . 7
   2.1 Überblick über die Beschaffungsobjekthauptgruppen . . . . . . . 7
   2.2 Definition von Investitionsgütern . . . . . . . . . . . . . . . . 9
   2.3 Klassifizierung von Investitionsgütern . . . . . . . . . . . . . . 10
   2.4 Gesamtwirtschaftliche Bedeutung von Investitionsgütern . . . . . 11

3 **Charakterisierung des Investitionsgütereinkaufs** . . . . . . . . . . 13

4 **Typische Herausforderungen und mögliche Lösungen bei der Beschaffung von Investitionsgütern** . . . . . . . . . . . . . . . 19

5 **Prozess zur Beschaffung von Investitionsgütern** . . . . . . . . . . 23
   5.1 Anbahnungsphase . . . . . . . . . . . . . . . . . . . . . . . 24
   5.2 Vereinbarungsphase . . . . . . . . . . . . . . . . . . . . . . 26
   5.3 Abwicklungsphase . . . . . . . . . . . . . . . . . . . . . . . 28
   5.4 Verbindende Querschnittsaktivitäten . . . . . . . . . . . . . . 28
      5.4.1 Interdependenz-Management . . . . . . . . . . . . . . 29
      5.4.2 Evaluation . . . . . . . . . . . . . . . . . . . . . . . 33
      5.4.3 Projekt-Management . . . . . . . . . . . . . . . . . . 35

6 **Instrumente und Methoden des Investitionsgütereinkaufs in Bezug auf die beteiligten Akteure** . . . . . . . . . . . . . . . . 39
   6.1 Compliance Management im Investitionsgütereinkauf . . . . . . 39
      6.1.1 Einführung in das Compliance Management . . . . . . . 39
      6.1.2 Einordnung des Compliance Managements in den Prozess zur Beschaffung von Investitionsgütern . . . . . 40
      6.1.3 Interdependenzen mit weiteren ausgewählten Aspekten bei der Beschaffung von Investitionsgütern . . . . . . . . . . . . . . . . . . 40
      6.1.4 Fazit zum Compliance Management . . . . . . . . . . . 47

| | | | |
|---|---|---|---|
| | 6.2 | Savings-Messung beim Investitionsgütereinkauf | 48 |
| | | 6.2.1 Einführung in die Savings-Messung | 48 |
| | | 6.2.2 Einordnung der Savings-Messung in das Performance Measurement | 51 |
| | | 6.2.3 Verfahren zur Savings-Messung beim Investitionsgütereinkauf | 54 |
| | | 6.2.4 Prozess zur Savings-Messung beim Investitionsgütereinkauf | 62 |
| | | 6.2.5 Fallbeispiel: Savings-Messung bei der Beschaffung einer Windkraftanlage | 64 |
| | | 6.2.6 Fazit zur Savings-Messung | 65 |

**7 Instrumente und Methoden des Investitionsgütereinkaufs in Bezug auf die Eigenschaften der Beschaffungsobjekte** ...... 67

   7.1 Life Cycle Costing- und Total Cost of Ownership-Ansatz beim Investitionsgütereinkauf .................. 67
      7.1.1 Einführung in den Life Cycle Costing- und Total Cost of Ownership-Ansatz .................. 67
      7.1.2 Einordnung des Life Cycle Costing-Systems und des Total Cost of Ownership-Ansatzes in den Prozess zur Beschaffung von Investitionsgütern ..... 70
      7.1.3 Relevanz der Life Cycle Costing- und Total Cost of Ownership-Analysemethoden im Gesamtprozess .................. 72
      7.1.4 Fallbeispiel: Berechnung der Life Cycle Costing- und Total Cost of Ownership-Kosten am Beispiel einer Windkraftanlage .................. 72
      7.1.5 Fazit zum Life Cycle Costing- und Total Cost of Ownership-Ansatz .................. 73
   7.2 Optimale Nutzungsdauer und optimaler Ersatzzeitpunkt von Investitionsgütern .................. 74
      7.2.1 Einführung in die optimale Nutzungsdauer und Ersatzzeitpunkt .................. 74
      7.2.2 Optimale Nutzungsdauer und Ersatzzeitpunkt einer einmaligen Investition .................. 80
      7.2.3 Optimale Nutzungsdauer und Ersatzzeitpunkt von sich wiederholenden Investitionsketten .................. 83
      7.2.4 Fazit zur optimalen Nutzungsdauer und zum Ersatzzeitpunkt .................. 88
   7.3 Realoptionsansatz zur Bewertung von Investitionsalternativen .................. 89
      7.3.1 Einführung in den Realoptionsansatz .................. 89
      7.3.2 Funktionsweise des Binomialmodells zur Berechnung von Realoptionen .................. 92
      7.3.3 Fazit zum Realoptionsansatz .................. 98

| | | | |
|---|---|---|---|
| 7.4 | Performance Contracting im Rahmen des Investitionsgütereinkaufs | | 99 |
| | 7.4.1 | Einführung in das Performance Contracting | 99 |
| | 7.4.2 | Einordnung des Performance Contracting in den Prozess zur Beschaffung von Investitionsgütern | 103 |
| | 7.4.3 | Chancen und Risiken des Performance Contracting bei der Beschaffung von Investitionsgütern | 103 |
| | 7.4.4 | Finanzierungsmodelle im Performance Contracting | 107 |
| | 7.4.5 | Vertragsgestaltung beim Performance Contracting | 110 |
| | 7.4.6 | Controlling beim Performance Contracting | 110 |
| | 7.4.7 | Beschaffungsprozess von Performance Contracting-Lösungen am Beispiel einer Windkraftanlage | 112 |
| | 7.4.8 | Fazit zum Performance Contracting | 114 |

**8 Abschließendes Gesamtfazit zum Investitionsgütereinkauf** . . . . . 115

   8.1 Zusammenfassung: Eckpunkte eines professionellen Investitionsgütereinkaufs . . . . . . . . . . . . . . . . . . . . . 115

   8.2 Ausblick: Quo vadis Investitionsgütereinkauf? . . . . . . . . . . 116

**Literaturverzeichnis** . . . . . . . . . . . . . . . . . . . . . . . . . . . . . 119

# Kapitel 1
# Einführung in den Investitionsgütereinkauf

## 1.1 Investitionsgüter als Beschaffungsobjekt

Investitionsgüter zeichnen sich durch hohe einmalige Anschaffungskosten sowie durch hohe laufende Betriebskosten aus. Ihre Amortisationsdauer erstreckt sich zumeist über mehrere Jahre und ist somit zahlreichen Einflussfaktoren, wie z. B. Veränderungen der Nachfragesituation, ausgesetzt. Investitionsgüter haben außerdem eine große Bedeutung für die Aufrechterhaltung der Leistungsfähigkeit eines Unternehmens und sichern dessen zukünftige Wettbewerbsfähigkeit.

Im Vergleich zu Produktionsmaterial und Betriebsstoffen unterscheiden sich Investitionsgüter durch ihre verhältnismäßig lange Nutzungsdauer und ihre hohen laufenden Kosten. Neue Produktionsanlagen, die Erweiterung des Fuhrparks oder ähnliche einmalige Anschaffungen stellen im Vergleich zu regelmäßig zu beschaffenden Gütern eine wesentliche finanzielle Belastung des Unternehmens dar.[1] Ist ein Unternehmen nicht in der Lage, die Aufwendungen zur Finanzierung der Investition durch Eigenkapital selbstständig bereitzustellen, ergibt sich die Herausforderung, das notwendige Kapital zu beschaffen. Neben den tatsächlichen Kosten für das Investitionsgut entstehen dem Unternehmen folglich langfristige Finanzierungskosten, die in der Beschaffungsplanung zu berücksichtigen sind. Über den gesamten Zeitraum der Investition gilt es zahlreiche Risiken abzuwägen und die damit verbundenen Kosten einem antizipierten Kapitalrückfluss als Nutzen gegenüber zu stellen.[2]

Bedingt durch die internationale Finanz- und Wirtschaftskrise gerieten nationale Volkswirtschaften im Verlaufe des Jahre 2008 und 2009 in zum Teil gravierende Schieflagen, deren Auswirkungen noch nicht überstanden sind. Unternehmen drosselten ihre Produktion und insbesondere die Investitionsgüterindustrie erlitt in Folge des Weltwirtschaftseinbruchs deutliche Auftragsrückgänge und Verluste.[3] Der Aufwand für die Beschaffung von Investitionsgütern ist ein aussagekräftiger Indikator für die gesamtwirtschaftliche Situation. Ist diese stabil oder befindet sich

---

[1] Vgl. Schierenbeck (2003), S. 321.
[2] Vgl. Eilenberger (2003), S. 133.
[3] Vgl. Hofmann et al. (2011), S. 1 ff.

im Aufschwung, so werden Kapazitäten erhöht und Maschinenparks modernisiert. Gestaltet sich die wirtschaftliche Situation unsicher, werden derartige Investitionen nur bedingt getätigt und das Budget für Investitionen i.d.R. gekürzt. Durch fehlende Aufträge wurden in 2009 Unternehmen zusätzlich mit Liquiditätsengpässen konfrontiert. Damit einhergehend reduzierte sich das Einkaufsvolumen und kostspielige Investitionen wurden hinausgezögert oder gar ganz verworfen.

Die Zurückhaltung gegenüber kapitalintensiven Investitionen während der Finanz- und Wirtschaftskrise führte nach der positiven gesamtwirtschaftlichen Marktentwicklung unweigerlich zu einem starken Nachholbedarf an Investitionsgütern nach Durchschreiten der Talsohle. Zwischen Januar 2010 und Januar 2011 ist der Auftragseingang für Investitionsgüter in Deutschland um 21 Indexpunkte (von 93 auf 114 Indexpunkte) gestiegen. Abbildung 1.1 zeigt diese Entwicklung der Auftragseingänge für Investitionsgüter innerhalb Deutschlands von 1997 bis 2011.[4] Diese Darstellung spiegelt den Auftragseinbruch im Jahre 2008/2009 wider, wobei eine vorab weitgehend stetig positive Entwicklung der Auftragseingänge zu erkennen ist. Die Erholung der Wirtschaft ab 2010 lässt die Investitionsgüterindustrie wieder positiv in die Zukunft blicken.[5]

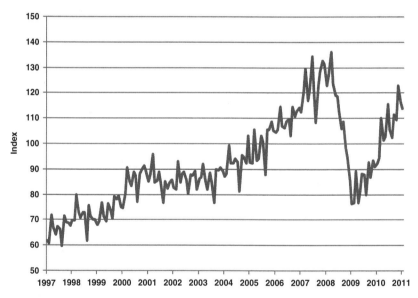

**Abb. 1.1** Entwicklung der Auftragseingänge für Investitionsgüter in Deutschland (Indexwerte, 2005=100)
Vgl. Deutsche Bundesbank (2011b).

---

[4] Eine Übersicht der in dieser Berechnung enthaltenen Branchen ist in Abschn. 2.4 dargestellt.
[5] Vgl. Deutsche Bundesbank (2011a).

## 1.2 Relevanz des Investitionsgütereinkaufs

Die Zunahme wissenschaftlicher Literatur zum Thema Industrie- und Investitionsgüter resultiert aus dem hohen Stellenwert, welche diese Märkte in der Praxis einnehmen.[6] Die Beschaffung von Investitionsgütern stellt Unternehmen dabei regelmäßig vor Herausforderungen und ist sowohl durch hohe Kosten und langfristige Kapitalbindung als auch von stark technisch geprägten Eigenheiten charakterisiert. Dies erfordert von den Entscheidungsträgern weitsichtiges Handeln und funktionsübergreifendes Vorgehen. In diesem Zusammenhang sind nicht nur die Anschaffungskosten eines Investitionsgutes zu beachten, sondern die gesamten Lebenszykluskosten, einschließlich Dienstleistungen in Form von Wartung und Instandsetzung. Technische Funktionsbereiche innerhalb eines Unternehmens, insbesondere Produktentwicklung sowie Fertigung und Produktion, sind mit dem Bedarf an Investitionsgütern konfrontiert, wodurch eine Zusammenarbeit mit dem Einkauf erforderlich ist. Aufgrund der notwendigen Kooperation der beteiligten Bereiche können jedoch Zeitverluste als Folge von Abstimmungsgesprächen und generellen Interessenkonflikten zwischen technischen sowie betriebswirtschaftlichen Fachbereichen resultieren. Neben Kosten-Nutzen-Betrachtungen hat bei großen Investitionsprojekten, bei denen staatliche Institutionen teilweise als Träger involviert sind, der Themenbereich des Compliance Managements eine große Bedeutung. Hierbei steht nicht nur die Transparenz der einzelnen Leistungsbestandteile einer Investition im Vordergrund. Vielmehr untersteht der Prozess, der zur Auswahl eines Lieferanten oder Dienstleisters führt, besonderer Beachtung, um gegenüber Investoren bzw. Stakeholdern eine möglichst optimale Mittelverwendung offenlegen zu können.

Dem Einkauf kommt idealtypisch die Aufgabe zu, den meist projektartig organisierten Investitionsgütereinkauf kosten- und terminseitig zu steuern, um Zeit- und Budgetziele sicherstellen zu können. Doch obwohl Investitionen für den zukünftigen Erfolg eines Unternehmens entscheidend sind, wird beim Beschaffungsprozess von Investitionsgütern häufig keine ganzheitliche Betrachtung vorgenommen.

Entsprechend der hohen Bedeutung für zukünftige Unternehmenserfolge und der Tragweite einer Entscheidung zum Investitionsgütereinkauf, bedarf der Prozess vom Entschluss zur Investition bis zu dessen Umsetzung und Inbetriebnahme besonderer Aufmerksamkeit und einer systematischen Vorgehensweise. Der Einkauf sollte in diesem Zusammenhang für einen reibungslosen Beschaffungsprozess bei Investitionsgütern sorgen. Aufgrund eines langwierigen Planungs- und Entscheidungsprozesses bei Investitionsgütern muss der Einkauf den hohen Anforderungen an ein reibungsloses Schnittstellenmanagement gerecht werden. Die Integration der in den Beschaffungsprozess involvierten Unternehmensbereiche ist dabei sicherzustellen. Ein Realisationsmodell sollte den vorab definierten Einkaufs- und Vergabezielen die jeweiligen Ressourcen für eine erfolgreiche Durchführung zuweisen. Dabei sind sowohl prozessuale als auch organisatorische Aspekte zu berücksichtigen.

---

[6] Vgl. Backhaus / Voeth (2007), S. 3 f.

Je komplexer die Bestandteile einer Investitionsentscheidung sind, umso höher ist die Anzahl der involvierten unternehmensinternen Personen und Fachbereiche sowie unternehmensexternen Schnittstellen. Mit steigender Anzahl der am Prozess der Entscheidungsfindung beteiligten Personen erhöht sich gleichzeitig auch der Koordinierungsaufwand zwischen den Akteuren. Eine wesentliche Herausforderung dabei besteht in der Zusammenführung der Interessen einzelner Fachbereiche. Während der Fokus technisch orientierter Abteilungen auf hoher Qualität, einer schnellstmöglichen Beseitigung von Störungen und einem möglichst hohen Entwicklungsstand liegt, können diese Interessen den Absichten des Einkaufs teilweise

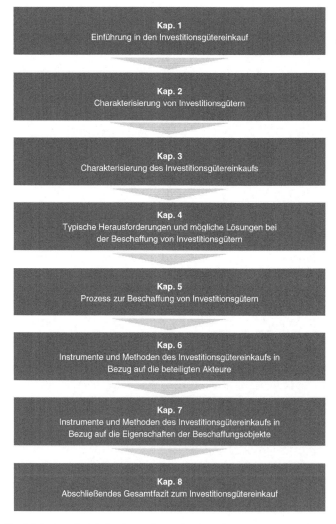

**Abb. 1.2** Überblick über die Inhalte der vorliegenden Ausarbeitung zum Investitionsgütereinkauf

## 1.2 Relevanz des Investitionsgütereinkaufs

entgegenstehen.[7] Neben den gegebenen fachlichen Interessenkonflikten gilt es beim Einkauf von Investitionsgütern die Komplexität der Interdependenzen von Entscheidungen zu durchdringen. Die Entscheidung für einen bestimmten Hersteller von Maschinen kann daher zur Folge haben, dass eine weitere Lieferantenauswahl durch die Initialentscheidung bereits eingeschränkt bzw. durch vertragliche Bestandteile vorgegeben ist.

Die vorliegende Ausarbeitung legt die Grundlagen und Herausforderungen der Beschaffung von Investitionsgütern dar und verdeutlicht mit einem praxisnahen Beispiel zur Beschaffung einer Windkraftanlage die relevanten Aspekte und Schritte des Investitionsgütereinkaufs. Zunächst wird dabei eine Charakterisierung von Investitionsgütern (Kap. 2) sowie des Investitionsgütereinkaufs (Kap. 3) vorgenommen. In Kap. 4 folgt die Darstellung der Herausforderungen und Lösungen bei der Beschaffung von Investitionsgütern. Der Prozess zur Beschaffung von Investitionsgütern wird in Kap. 5 vorgestellt. Darauffolgend werden Instrumente und Methoden in Bezug auf die beteiligten Akteure (Kap. 6) sowie in Bezug auf die Eigenschaften von Investitionsgütern (Kap. 7) dargestellt. Abschließend folgen Zusammenfassung und Ausblick (Kap. 8). Abbildung 1.2 veranschaulicht die Inhalte der vorliegenden Ausarbeitung zum Investitionsgütereinkauf.

---

[7] Vgl. Arnolds et al. (2010), S. 425.

# Kapitel 2
# Charakterisierung von Investitionsgütern

## 2.1 Überblick über die Beschaffungsobjekthauptgruppen

Um eine Einordnung der Investitionsgüter vornehmen zu können, wird an dieser Stelle zunächst ein Überblick der die in Unternehmen zu beschaffenden Güter vorgestellt. Dabei lassen sich nach Large (2009) fünf sogenannte Beschaffungsobjekthauptgruppen unterscheiden (Abb. 2.1):

- Produktionsmaterialen gehen direkt in das zu produzierende Gut ein und können nach dem Grad des Fertigungsfortschritts in Rohstoffe, Halb- und Fertigerzeugnisse gegliedert werden. Ein weiteres Klassifizierungsmerkmal von Produktionsmaterial ist die Spezifität. Folgende Arten der Spezifität sind zu unterscheiden:
- Abnehmerspezifisches Produktionsmaterial wird individuell für die Produkte eines Abnehmers entwickelt und produziert (z. B. Zeichnungsteile).
- Anbieterspezifisches Produktionsmaterial kann in der spezifizierten Form nur von einem bestimmten Lieferanten bezogen werden, wobei dem Abnehmer zwar bestimmte technische Spezifikationen, nicht jedoch darüber hinaus gehende Produktinformationen bekannt sind (z. B. Katalogteile).
- Beziehungsspezifische Produktionsmaterialien sind von einem Abnehmer und einem Lieferanten gemeinsam spezifiziert und können i.d.R. nur von diesem Lieferanten produziert werden (z. B. Werkzeugmaschinen).
- Unspezifisches Produktionsmaterial sind Teile, die nach Normen gefertigt sind oder aufgrund von Branchenstandards in gleichartiger Beschaffenheit von einer großen Anzahl von Lieferanten produziert und von einer großen Anzahl von Abnehmern beschafft werden (z. B. Normschrauben).
- Betriebsstoffe sind zur Durchführung der Wertschöpfungsprozesse erforderlich, gehen jedoch nicht in das zu produzierende Produkt ein. Beispiele für Betriebsstoffe sind Produktionsbetriebsstoffe, Reparatur- und Instandhaltungsmaterial, materielle Energieträger und sonstige Betriebsstoffe, wie z. B. Reinigungs- und Büromaterial.
- Die im Zentrum dieser Betrachtung stehenden Investitionsgüter können als die materiellen Vermögensgegenstände des Anlagevermögens definiert werden.[1]

---

[1] Vgl. Large (2009), S. 12. Eine ausführliche Diskussion dieses Begriffes folgt in Abschn. 2.2.

| Beschaffungsobjekthauptgruppen | Gliederung der Beschaffungsobjekthauptgruppen | | | | Erläuterung |
|---|---|---|---|---|---|
| Produktionsmaterial | Unspezifisches Produktionsmaterial | Anbieterspezifisches Produktionsmaterial | Abnehmerspezifisches Produktionsmaterial | Beziehungsspezifisches Produktionsmaterial | Gehen in das zu produzierende Gut ein (Rohstoffe, Halb- und Fertigerzeugnisse) |
| Betriebsstoffe | Produktionsbetriebsstoffe | Reparatur- und Instandhaltungsmaterial | Materielle Energieträger | Sonstige Betriebsstoffe | Sind zur Durchführung der Wertschöpfungsprozesse erforderlich, gehen jedoch nicht in das Produkt ein (z.B. Kühl- und Schmierstoffe) |
| Investitionsgüter | Produktionsbezogene Investitionsgüter | Nichtproduktionsbezogene Investitionsgüter | | | Materielle Vermögensgegenstände des Anlagevermögens |
| Dienstleistungen | Produktionsbezogene Dienstleistungen | Nichtproduktionsbezogene Dienstleistungen | | | Durch eine Person erbrachte Leistung, die nicht lagerfähig ist und bei der Herstellung und Verbrauch gleichzeitig stattfinden |
| Handelswaren | | | | | Güter, die bezogen und ohne Durchführung von Bearbeitungsprozessen weiter veräußert werden |

**Abb. 2.1** Überblick der Beschaffungsobjekthauptgruppen
Vgl. Large (2009), S. 8.

Investitionsgüter lassen sich ebenfalls anhand des Grads der Produktionsbezogenheit kategorisieren.
- Dienstleistungen sind Leistungen zur Deckung eines Bedarfs, die von einer natürlichen oder juristischen Person erbracht werden (z. B. Projektierungsleistungen). Dienstleistungen können anhand des Grads der Produktionsbezogenheit gegliedert werden, z. B. Wartung/Instandsetzung, Logistik, Facility.
- Handelswaren sind Güter, die beschafft und ohne Durchführung von Bearbeitungsprozessen weiter veräußert werden (z. B. Werkzeug für eine Maschine).[2]

Investitionsgüter bilden also eine der fünf Beschaffungsobjekthauptgruppen und nehmen damit eine große Bedeutung innerhalb der von Unternehmen zu beschaffenden Güter ein.

---

[2] Vgl. Large (2009), S. 8 ff.; Töpfer (2007), S. 725 ff.

## 2.2 Definition von Investitionsgütern

Obwohl der Investitionsgüter-Begriff in der Praxis und Wissenschaft weit verbreitet ist, hat sich bisher keine einheitliche Definition herauskristallisiert. Nachfolgend sind einige bedeutende Definitionen aufgeführt, die diesen Sachverhalt verdeutlichen:

- Engelhardt/Günter (1981): „Investitionsgüter sind Leistungen, die von Organisationen (Nicht-Konsumenten) beschafft werden, um mit ihrem Einsatz (Ge- oder Verbrauch) weitere Güter für die Fremdbedarfsdeckung zu erstellen oder um sie unverändert an andere Organisationen weiter zu veräußern, die diese Leistungserstellung vornehmen."[3]
- Backhaus (1982): „Investitionsgüter sind Leistungen, die von Organisationen beschafft werden, um weitere Leistungen zu erstellen, die nicht in der Distribution an Letztkonsumenten bestehen."[4]
- Gabler Wirtschafts-Lexikon (2011)[5]:
  - I.w.S.: „Leistungen, die von Nichtkonsumenten direkt oder indirekt für die Leistungserstellung zur Fremdbedarfsdeckung (private und öffentliche Unternehmungen) bzw. zur kollektiven Deckung des Eigenbedarfs (öffentliche Haushaltungen) beschafft werden. I.d.R. sind mit der Beschaffung organisationale Kauf-Verkaufs-Interaktionen verbunden."
  - „Auch engere Fassung des Begriffs, z. B. Investitionsgüter als gewerbliche Gebrauchsgüter (Anlagen, Maschinen)."
- Large (2009): Investitionsgüter sind die materiellen Vermögensgegenstände des Anlagevermögens, also die materiellen Gegenstände, die dauernd dem Geschäftsprozess dienen sollen.[6]
- Goede (2003): „Güter mit einer langen Lebensdauer (z. B. Maschinen, Fabriken, Rohstoffe), die nicht um ihrer selbst willen, sondern für die Herstellung von Konsumgütern und anderer Investitionsgüter benötigt werden. Sie werden nicht in einer Rechnungsperiode aufgebraucht und in der Regel über einen Zeitraum von Jahren abgeschrieben (englisch: capital goods, equipment goods, industrial goods, investment goods, producer goods)."[7]
- Steiner (2004): „Dauerhafte Produktionsmittel werden als Investitionsgüter bezeichnet. Sie geben während ihrer Lebensdauer einen Strom von Nutzungen ab (z. B. maschinelle Anlagen). Demgegenüber wandeln sich nichtdauerhafte Produktionsmittel bei ihrer Verwendung um oder gehen unter (z. B. Roh-, Hilfs-

---

[3] Engelhardt / Günter (1981), S. 24.
[4] Backhaus (1982), S. 3.
[5] Gabler Wirtschafts-Lexikon (2011).
[6] Vgl. Large (2009), S. 12.
[7] Goede (2003), S. 1579 f.

und Betriebsstoffe). Auch bei Konsumgütern kann in dauerhafte (Gebrauchsgüter) und nicht dauerhafte (Verbrauchsgüter) unterschieden werden, wobei meist die Lebensdauer von mehr oder weniger als einem Jahr der statistischen Einteilung zugrunde gelegt wird."[8]

- Swan et al. (2002): „Capital Goods are assets used to support business operations. Examples include production lines for manufacturing, testing equipment used by a construction company. Capital goods are typically high-cost, infrequent purchases that require good up-front decision-making to minimize long-term costs."[9]
- Leenders et al. (2006): „Capital assets are long-term assets that are not bought or sold in the regular course of business, have an ongoing effect on the organization's operations, have an expected use of more than one year, involve large sums of money, and generally are depreciated. Assets may be tangible or intangible."[10]

Aufgrund der Vielzahl an unterschiedlichen Begriffsverwendungen soll an dieser Stelle eine Definition vorgestellt werden, die als Basis der weiteren Ausführungen der Publikation dient. Nach Ansicht der Autoren sind Investitionsgüter materielle und immaterielle Güter, die von Organisationen beschafft werden und die technische Voraussetzung der betrieblichen Leistungserstellung bilden. Kennzeichnend für Investitionsgüter sind die Dauerhaftigkeit der Nutzung unter dem möglichen Einbezug von Bereitstellungs-, Wartungs- und Instandsetzungsdienstleistungen sowie der im Vergleich zum Material hohe Wert eines einzelnen Objektes. Diese Definition umfasst somit z. B. Anlagen, Gebäude, Grundstücke und Patente. Nicht unter diese Definition fallen z. B. einmalig verwendete Spezialwerkzeuge, Schulungen oder durch Privatpersonen beschaffte Solaranlagen.

## 2.3 Klassifizierung von Investitionsgütern

Um die Vielzahl der Investitionsgüter einordnen zu können, wird an dieser Stelle eine eigene Klassifizierung eingeführt. Eine Klassifizierung der Investitionsgüter soll entlang der folgenden Dimensionen erfolgen:

- produktionsbezogen – nicht-produktionsbezogen: Dienen die Investitionsgüter direkt zur Produktion weiterer Güter oder sind sie nicht direkt in den Produktionsprozess eingebunden?
- einfach – komplex: Handelt es sich bei dem Investitionsgut um Einzelteile oder eine gesamte Anlage bzw. Maschine?

---

[8] Steiner (2004), S. 337.
[9] Swan et al. (2002), S. 795.
[10] Leenders et al. (2006), S. 423.

Tabelle 2.1  Klassifizierung von Investitionsgütern mit Beispielen

| | | standardisiert | | individuell | |
|---|---|---|---|---|---|
| | | materiell | immateriell | materiell | immateriell |
| produktions-bezogen | einfach (Einzelteil) | Elektromotor für eine CNC Maschine | Standardsoftware für die Produktionsplanung | Spezialwerkzeug für die Produktion | Individualsoftware für die Produktionsplanung |
| | komplex (gesamte Anlage oder Maschine) | CNC Maschine | | individuelle Produktionsanlage | |
| nicht-produktions-bezogen | einfach (Einzelteil) | Motor für einen LKW, Schreibtisch | Standardsoftware für den Vertrieb | Kunstgegenstand | Individualsoftware für den Vertrieb |
| | komplex (Baugruppe) | LKW, PC, Drucker | | Parkhaus, Motorenprüfstand | |

- standardisiert – individuell: Werden immer wieder die gleichen Investitionsgüter hergestellt bzw. beschafft oder werden die Investitionsgüter eigens für einen bestimmten Kunden entwickelt und produziert bzw. gekauft?
- materiell – immateriell: Sind die Investitionsgüter physisch-rechtlich darstellbar oder sind sie immateriellen Charakters?

Die Klassifizierung anhand der vorgestellten Dimensionen sowie Beispiele jeder Klasse zeigt Tabelle 2.1. Im Falle immaterieller Güter entfällt die Unterscheidung zwischen einfachen und komplexen Bauteilen, da i.d.R. keine Bauteile enthalten sind.

## 2.4 Gesamtwirtschaftliche Bedeutung von Investitionsgütern

Die Investitionsgüterindustrie hat weltweit eine sehr große Bedeutung. Aufgrund der uneinheitlichen Definition der zugehörigen Branchen unterscheiden sich die angegebenen Werte jedoch teilweise erheblich. Das aktuelle weltweite Volumen der Investitionsgüterindustrie beträgt nach einer Untersuchung von Datamonitor etwa 474 Mrd. €.[11] Darin sind allerdings lediglich die Herstellung von Maschinen und elektrischen Anlagen enthalten. Das Statistische Bundesamt gibt hingegen allein für Deutschland für das Jahr 2010 einen Umsatz der Investitionsgüterproduzenten von etwa 550 Mrd. € an.[12] Dies entspricht einem Anteil am gesamten Produktionswert in Deutschland von ca. 13%.[13] Die deutsche Investitionsgüterindustrie ist sehr stark exportorientiert, so beträgt der Anteil des Auslandsumsatzes am Gesamtumsatz ca. 56%.[14] Die Investitionsgüterindustrie hat mit ca. 2.195.000 Beschäftigten, die in ca. 7.500 Betrieben arbeiten, zudem eine erhebliche Bedeutung für den Arbeitsmarkt in Deutschland.[15]

---

[11] Vgl. Datamonitor (2010), S. 9.
[12] Vgl. Statistisches Bundesamt (2011a).
[13] Vgl. Statistisches Bundesamt (2011b).
[14] Vgl. Statistisches Bundesamt (2011a).
[15] Vgl. Statistisches Bundesamt (2011a).

In der Berechnung des Statistischen Bundesamtes sind die folgenden Branchen enthalten[16]:

- Herstellung von Dampfkesseln (ohne Zentralheizungskessel)
- Herstellung von Datenverarbeitungsgeräten und peripheren Geräten
- Herstellung von Geräten und Einrichtungen der Telekommunikationstechnik
- Herstellung von Mess-, Kontroll-, Navigations- u.ä. Instrumenten und Vorrichtungen; Herstellung von Uhren
- Herstellung von Bestrahlungs- und Elektrotherapiegeräten und elektromedizinischen Geräten
- Maschinenbau
- Herstellung von Kraftwagen und Kraftwagenteilen
- Schiffs- und Bootsbau
- Schienenfahrzeugbau
- Luft- und Raumfahrzeugbau
- Herstellung von militärischen Kampffahrzeugen
- Herstellung von Waffen und Munition
- Herstellung von medizinischen und zahnmedizinischen Apparaten und Materialien
- Reparatur und Installation von Maschinen und Ausrüstungen

Die große Vielfalt dieser Branchen zeigt die Bandbreite an Produkten, mit denen der Investitionsgütereinkauf konfrontiert ist.

---

[16] Vgl. Europäische Union (2007), S. 3.

# Kapitel 3
# Charakterisierung des Investitionsgütereinkaufs

Der Investitionsgütereinkauf beinhaltet alle Prozesse zur Versorgung eines Unternehmens mit Investitionsgütern aus unternehmensexternen Quellen. Diese Prozesse umfassen die strategische und operative Planung und reichen von der Bedarfsermittlung bis zur Desinvestition unter Einbeziehung von Wartung und Instandhaltung. Das Ziel der Aktivitäten im Rahmen des Investitionsgütereinkaufs ist es, die Wettbewerbsfähigkeit zu sichern und einen Beitrag zur nachhaltigen Steigerung des Unternehmenswertes zu generieren.

Demgegenüber abzugrenzen ist der in der Praxis häufig synonym verwendete Begriff des Projekteinkaufs. Dabei ist zwischen dem Projekteinkauf als Organisationsform sowie der Beschaffung im Rahmen eines Projektes zu unterscheiden. Im Projekteinkauf als Organisationsform „werden alle Materialien, die für ein spezielles Projekt benötigt werden, von dem für das Projekt verantwortlichen Einkäufer oder Team beschafft."[1] Die Beschaffung im Rahmen eines Projektes bezieht sich auf die Versorgungsfunktion für eine sachlich und zeitlich begrenzte Aufgabe. Dies kann die Beschaffung von Investitionsgütern beinhalten, aber auch die Beschaffung weiterer Beschaffungshauptgruppen, wie z. B. Beratungsdienstleistungen oder Facility Services.

Grundsätzlich betont der Begriff Investitionsgütereinkauf den operativen Charakter der mit den Versorgungsfunktionen verbundenen Aktivitäten und bezieht sich damit auf die reine Abwicklung des Fremdbezuges. Die Investitionsgüterbeschaffung beinhaltet hingegen zusätzlich die entsprechenden Planungs-, Steuerungs- und Kontrollprozesse.[2] Da in der Unternehmenspraxis jedoch meist vom Investitionsgütereinkauf gesprochen wird, werden im Folgenden beide Begriffe synonym verwendet.

Der Investitionsgütereinkauf als solches lässt sich, wie in Tabelle 3.1 dargestellt, typisieren. Zunächst kann die Typologie zur Strukturierung des Investitionsgütereinkaufs im Unternehmen verwendet werden. Die einkaufenden Organisationen können öffentliche Haushalte und Unternehmen sein, wobei im Folgenden lediglich

---

[1] Hildebrandt (2010), S. 59.
[2] Vgl. Mohr (2009), S. 26 f.

**Tabelle 3.1** Typologie des Investitionsgütereinkaufs

| Einkaufende Organisation | Öffentliche Haushalte | | Unternehmen |
|---|---|---|---|
| Abhängigkeitsgrad | Einzeltransaktion | | Verbundtransaktion |
| Beschaffungsregion und Internationalisierungsgrad | National | Kontinental | International |
| Interne Organisation | Unipersonal | | Multipersonal (Buying Center) |
| Externe Einbindung | Beteiligung weiterer Organisationen | | Keine weiteren Organisationen beteiligt |
| Vergabeverfahren | In Form einer Ausschreibung | | Keine Ausschreibung |
| Personalisierungsgrad | Persönlicher Kontakt | | Anonym |
| Zeitliche Beschränkung | Dringend | | Nicht-zeitkritisch |
| Finanzvolumen der Investition im Verhältnis zum jährlichen Investitionsvolumen | < 5% | 5%–30% | > 30% |
| Leasing | Ja | | Nein |
| Performance Contracting | Ja | | Nein |
| Ziel der Investition in Bezug auf die betriebliche Leistungserstellung | Neuinvestition | Ersatzinvestition | Erweiterungsinvestition |
| Kaufklasse | Erstkauf | Modifizierter Wiederholungskauf | Unmodifizierter Wiederholungskauf |

die Beschaffung durch Unternehmen betrachtet wird. Die Beschaffung eines Investitionsgutes kann unabhängig von der Beschaffung anderer Investitionsgüter (Einzeltransaktion) oder unter Berücksichtigung weiterer Investitionsgüter (Verbundtransaktion) erfolgen. Ein Beispiel für eine Verbundtransaktion ist die Beschaffung eines Flugzeuges durch eine Fluggesellschaft bei bereits vorhandener Flotte. Setzt sich die vorhandene Flotte lediglich aus Flugzeugen eines Herstellers zusammen, hat dies große Auswirkungen auf die Wartungskosten der Entscheidungsalternativen. Die Beschaffungsregion kann in national (z. B. Deutschland), kontinental (z. B. Europa) und international unterschieden werden. Je nach Beschaffungsregion sind dabei z. B. unterschiedliche juristische Aspekte zu berücksichtigen. Da spezielle Investitionsgüter häufig nur von wenigen Herstellern angeboten werden, ist ein internationaler Bezug durch die beschaffenden Unternehmen ins Auge zu fassen.

Hinsichtlich der beteiligten Organisationen können interne und externe Akteure unterschieden werden. Im beschaffenden Unternehmen kann der Investitionsgütereinkauf von einer Person (unipersonal) oder durch ein sog. Buying Center (multipersonal) erfolgen. Ein Buying Center beinhaltet alle Mitglieder einer Organisation, die am Prozess zur Beschaffung eines Produktes oder einer Dienstleistung beteiligt sind. Innerhalb des Buying Centers werden die Rollen des Anwenders, Beeinflussers, Entscheiders, Einkäufers und Informationsselektierers unterschieden.[3] Obwohl der Investitionsgütereinkauf auch ohne die Einbindung weiterer externer Akteure möglich ist, ist die Beteiligung zusätzlicher Organisationen besonders bei der Beschaffung komplexer Investitionsgüter charakteristisch. Dabei können z. B.

---

[3] Vgl. Webster / Wind (1972), S. 14.

# 3 Charakterisierung des Investitionsgütereinkaufs

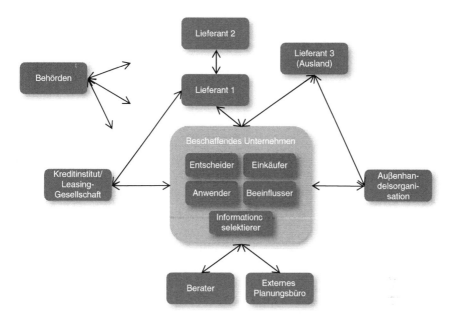

**Abb. 3.1** Beteiligte Akteure beim Investitionsgütereinkauf
Vgl. Webster / Wind (1972), S. 78 ff.

Behörden, Kreditinstitute, Berater, Planungsbüros, verschiedene Lieferanten und die Außenhandelsorganisation in den Beschaffungsprozess eingebunden werden (Abb. 3.1).

Das Vergabeverfahren kann in Form einer Ausschreibung, also der schriftlichen Abfrage der Konditionen potentieller Lieferanten oder ohne Ausschreibung erfolgen. Der Personalisierungsgrad reicht von persönlichem Kontakt zum Lieferanten bis zu vollkommener Anonymität. Je komplexer das zu beschaffende Investitionsgut, desto eher spielt der persönliche Kontakt eine Rolle. Weitere Unterscheidungsmerkmale sind die zeitliche Beschränkung (dringend oder nicht-zeitkritisch) sowie der Anteil des Finanzvolumens der Investition im Verhältnis zum jährlichen Investitionsvolumen. Je größer dieser Anteil ist, desto bedeutender ist es für das Unternehmen, den Beschaffungsprozess in strukturierter Art und Weise durchzuführen.

Ein weiteres wichtiges Unterscheidungsmerkmal in Bezug auf den Vertrag ist die Frage, ob Leasing oder Performance Contracting[4] Anwendung finden. Des Weiteren können mit dem Investitionsgut verschiedene Ziele hinsichtlich der betrieblichen Leistungserstellung verfolgt werden. Neuinvestitionen schaffen neue Kapazitäten der betrieblichen Leistungsfähigkeit, Ersatzinvestitionen dienen zu Aufrechterhaltung der betrieblichen Leistungsfähigkeit und Erweiterungsinvestitionen erhöhen

---

[4] Das Performance Contracting im Kontext des Investitionsgütereinkaufs wird in Abschn. 7.4 ausführlich behandelt.

**Tabelle 3.2** Charakterisierung unterschiedlicher Kaufklassen von Investitionsgütern

| Kaufklassen | Charakterisierungskriterien | | |
|---|---|---|---|
| | Neuheit des Problems | Informationsbedarf | Beachtung von Alternativen |
| Erstkauf | hoch | groß | wichtig |
| Modifizierter Wiederholungskauf | mittel | eingeschränkt | begrenzt |
| Unmodifizierter Wiederholungskauf | gering | gering | klein |

Vgl. Arnolds et al. (2010), S. 426.

die betriebliche Leistungsfähigkeit. Schließlich wird beim Investitionsgütereinkauf zwischen Erstkauf, modifiziertem Wiederholungskauf und unmodifiziertem Wiederholungskauf differenziert (Tabelle 3.2).

| | Eigenschaft | Produktions-material | Betriebs-stoffe | Dienst-leistungen | Handels-waren | Investitions-güter |
|---|---|---|---|---|---|---|
| Akteure | Oft sind mehrere Organisationen am Beschaffungsprozess beteiligt | ✓ | ✗ | ✗ | ✗ | ✓ |
| | Organisationsmitglieder bilden häufig eine Gruppe (Buying Center) | ✓ | ✗ | ✓ | ✓ | ✓ |
| | Häufig internationale Beziehungen | ✓ | ✗ | ✗ | ✓ | ✓ |
| | Personal Selling hat grosse Bedeutung | ✓ | ✗ | ✓ | ✓ | ✓ |
| | Keine regelmäßige Beschaffung | ✗ | ✗ | ✓ | ✗ | ✓ |
| Produkt | Stark technisch geprägt | ✓ | ✓ | ✗ | ✓ | ✓ |
| | Bilden die technische Voraussetzung betrieblicher Leistungserstellung | ✗ | ✗ | ✗ | ✗ | ✓ |
| | Dienstleistungen spielen eine große Rolle | ✗ | ✗ | ✓ | ✗ | ✓ |
| | Lange Nutzungsdauer | ✗ | ✗ | ✗ | ✗ | ✓ |
| | Kaufpreis beträgt meist etwa 30% bis 50% der Lebenszykluskosten | ✗ | ✗ | ✗ | ✗ | ✗ |
| | Häufig hoher finanzieller Einsatz | ✓ | ✗ | ✓ | ✓ | ✓ |
| Beschaffungs-prozess | Häufig Vergabe in Form einer Ausschreibung | ✓ | ✗ | ✓ | ✓ | ✓ |
| | Langfristige Geschäftsbeziehungen spielen eine grosse Rolle | ✗ | ✗ | ✓ | ✓ | ✓ |
| | Häufig lange Beschaffungszeit | ✗ | ✗ | ✗ | ✗ | ✓ |
| | Häufig bedingte Entscheidungen | ✓ | ✗ | ✓ | ✗ | ✓ |
| **Anzahl der Übereinstimmungen** | | **8** | **1** | **8** | **4** | **15** |

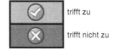

✓ trifft zu
✗ trifft nicht zu

**Abb. 3.2** Besonderheiten des Investitionsgütereinkaufs im Vergleich zu weiteren Beschaffungsobjekthauptgruppen

3 Charakterisierung des Investitionsgütereinkaufs 17

Abbildung 3.2 zeigt die Besonderheiten des Investitionsgütereinkaufs im Vergleich zu den anderen Beschaffungsobjekthauptgruppen. Dabei erfolgt eine Klassifizierung der Eigenschaften anhand der Dimensionen Akteure, Produkt und Beschaffungsprozess. Da selbst innerhalb der einzelnen Beschaffungsobjekthauptgruppen große Unterschiede auftreten, stellen die angegebenen Erfüllungskriterien lediglich eine Tendenz dar. So können beispielsweise im Einzelfall auch Betriebsstoffe oder Handelswaren einen hohen finanziellen Einsatz erfordern. Charakteristisch ist dies jedoch eher für Produktionsmaterial, Dienstleistungen und Investitionsgüter. Die meisten Übereinstimmungen weist der Investitionsgütereinkauf mit der Beschaffung von Produktionsmaterial und Dienstleistungen auf. Dennoch bestehen auch hier große Unterschiede, wie z. B. hinsichtlich der langen Nutzungsdauer und des geringen Anteils des Kaufpreises bei Investitionsgütern. Dies führt dazu, dass beim Investitionsgütereinkauf im Vergleich zur Beschaffung anderer Beschaffungsobjekthauptgruppen teilweise andere Themen im Fokus stehen.

Die Herausforderungen an die Beschaffungsorganisation unterscheiden sich auch innerhalb des Investitionsgütereinkaufs. So stehen in Abhängigkeit der Nutzungsdauer und der Technologie-Veränderungsrate des Investitionsgutes unterschiedliche Aspekte im Vordergrund. Abbildung 3.3 zeigt beispielhaft einige Herausforderungen der einzelnen Matrixfelder. Während bei kurzer Nutzungsdauer z. B. eher der Kaufpreis zu beachten ist, sollten bei langer Nutzungsdauer verstärkt die nutzungsdauerabhängigen Kosten berücksichtigt werden. Ändert sich die Technologie des Investitionsgutes nur in geringem Maße, ist z. B. die Ersatzteilversorgung ein wichtiges Thema. Schließlich ist bei großer Technologie-Veränderungsrate auf eine hohe Flexibilität des Investitionsgutes zu achten.

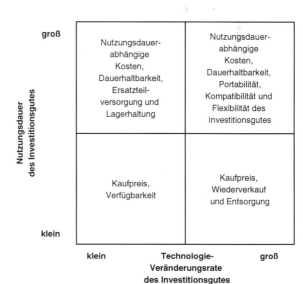

**Abb. 3.3** Beispielhafte Herausforderungen an die Beschaffungsorganisation im Rahmen des Investitionsgütereinkaufs
Vgl. Weber (2000), S. 5.

# Kapitel 4
# Typische Herausforderungen und mögliche Lösungen bei der Beschaffung von Investitionsgütern

Im Rahmen der Beschaffung von Investitionsgütern besteht eine Vielzahl an Herausforderungen. Im Folgenden werden wesentliche Herausforderungen sowie mögliche Lösungsansätze genannt. Die Lösungsansätze selbst werden dann in den folgenden Kapiteln im Detail vorgestellt.

Da kontinuierlich neue Technologien entwickelt und auf den Markt gebracht werden, müssen Einkäufer laufend über aktuelle Entwicklungen informiert sein. Aufgrund des zunehmenden Kostendrucks steigen in diesem Zusammenhang die Anforderungen an den Einkauf stetig. Zum einen sind Qualitätsstandards einzuhalten, auf der anderen Seite sind Kosten einzusparen. Bei der Beschaffung von Investitionsgütern sind neben dem Kaufpreis auch direkte (z. B. Wartung, Instandsetzung etc.) und indirekte Folgekosten (Produktivität, Lohnkosten etc.) zu berücksichtigen. Der Informationsüberschuss der Investitionsgüterhersteller in Bezug auf ihre Produkte bedingt häufig eine ungenügende Markttransparenz, welche die Rahmenbedingungen für eine Angebotseinholung erschweren. Zudem können Interessenkonflikte, durch divergierende Ziele verschiedener Unternehmensbereiche entstehen. Beispielsweise legt die Produktion beim Investitionsgütereinkauf ihren Fokus auf die Anwendung (z. B. große Anzahl an Zusatzfunktionen), während der Einkauf primär auf niedrige Einstandspreise ausgerichtet ist. Hieraus ergeben sich u. a. Zeitverluste aufgrund von langwierigen unternehmensinternen Abstimmungsprozessen, insbesondere dann, wenn keine eindeutige Zielbestimmung und Entscheidungsbefugnis im Vorfeld des Beschaffungsprozesses vorgenommen wurde. Herausforderungen bei der Beschaffung von Investitionsgütern ergeben sich zudem in Bezug auf juristische Aspekte, wie z. B. die aus der Individualität des Investitionsgütereinkaufs resultierende Nicht-Anwendbarkeit der „Allgemeinen Einkaufsbedingungen".

Die bereits in Kap. 2 dargelegten Besonderheiten des Investitionsgütereinkaufs im Vergleich zu weiteren Beschaffungsobjekthauptgruppen bringen weitere Herausforderungen hervor, die spezielle Lösungsansätze erfordern. Die Herausforderungen und Lösungsansätze werden anhand der Dimensionen Beschaffungsprozess, Akteure und Produkt im Folgenden kurz dargestellt (Abb. 4.1).

Der Prozess bei der Beschaffung von Investitionsgütern stellt Unternehmen aufgrund der hohen Komplexität und Vielseitigkeit vor diverse Herausforderungen.

# 4 Typische Herausforderungen und mögliche Lösungen bei der Beschaffung von...

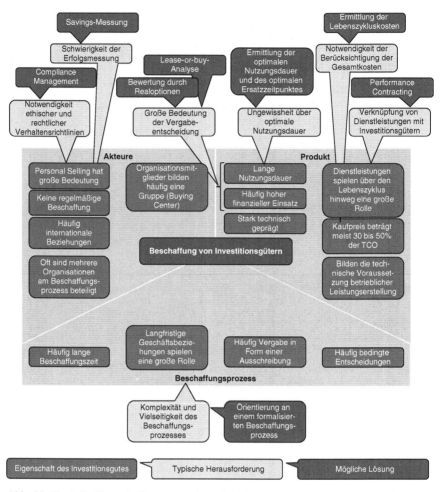

**Abb. 4.1** Typische Herausforderungen und mögliche Lösungen im Rahmen des Investitionsgütereinkaufs

Diese werden durch unterschiedliche Eigenschaften des Beschaffungsprozesses, wie beispielsweise die lange Beschaffungszeit, die häufige Vergabe in Form von Ausschreibungen und langfristige Geschäftsbeziehungen hervorgerufen. Um dennoch ein strukturiertes Vorgehen zu ermöglichen, sollte sich die Beschaffung von Investitionsgütern an einem formalisierten Beschaffungsprozess (Kap. 5) orientieren.

- Die beteiligten Akteure sehen sich zahlreichen ethischen und rechtlichen Verhaltensrichtlinien gegenübergestellt. Aufgrund der großen Anzahl an persönlichen Schnittstellen und des hohen Internationalisierungsgrades des Investitionsgütereinkaufs ist dieses Thema in diesem Kontext von besonderer Relevanz. Diese

spezielle Herausforderung ist beispielsweise mithilfe des Compliance Managements (Abschn. 6.1) zu bewältigen.
- Da Investitionsgüter häufig unregelmäßig beschafft werden und daher kein Vergleich mit historischen Preisen möglich ist, besteht die Schwierigkeit der Messung des monetären Beschaffungserfolges. Dieser Herausforderung ist mit einigen Verfahren der Savings-Messung (Abschn. 6.2) zu begegnen.
- Da der Kaufpreis bei Investitionsgütern häufig lediglich 30 bis 50% der gesamten Lebenszykluskosten beträgt, sind insbesondere mögliche Folgekosten des Investitionsgütereinkaufs zu berücksichtigen. Dies kann im Zuge einer Ermittlung der Lebenszykluskosten bzw. der Total Cost of Ownership (Abschn. 7.1) erfolgen.
- Aufgrund der langen technischen Nutzungsdauer von Investitionsgütern stellt sich außerdem die Frage, wie lange die wirtschaftlich sinnvolle Nutzungsdauer von Investitionsgütern ist. Um diese Frage zu beantworten, können diverse Methoden zur Berechnung der optimalen Nutzungsdauer sowie des optimalen Ersatzzeitpunktes durchgeführt werden (Abschn. 7.2).
- Die lange Nutzungsdauer in Verbindung mit dem meist hohen finanziellen Einsatz führt zu einer hohen Kapitalbindung. Außerdem haben die im Rahmen des Investitionsgütereinkaufs getroffenen Entscheidungen zeitlich gesehen sehr weitreichende Auswirkungen. Der großen Bedeutung der Vergabeentscheidung kann beispielsweise durch eine Bewertungen mit Realoptionen (Abschn. 7.3) begegnet werden.
- Durch eine zunehmende Verknüpfung der Investitionsgüter mit Dienstleistungen, spielen diese eine bedeutende Rolle beim Investitionsgütereinkauf. Eine Möglichkeit zur Schaffung eines Leistungsbündels aus Investitionsgut und Dienstleistungen stellt das Performance Contracting dar (Abschn. 7.4).

# Kapitel 5
# Prozess zur Beschaffung von Investitionsgütern

Obwohl zu beschaffende Investitionsgüter häufig individuell geprägt sind, ähnelt sich der Prozess zur Beschaffung dieser Güter in vielen Fällen. Da oft viele Akteure involviert und weitreichende Entscheidungen zu treffen sind, ist der Beschaffungsprozess i.d.R. durch eine relativ lange Dauer mit zahlreichen verschiedenen Phasen gekennzeichnet. Der Prozess zur Beschaffung von Investitionsgütern kann Monate oder punktuell sogar Jahre in Anspruch nehmen. Des Weiteren sind bei der Beschaffung häufig bedingte Entscheidungen zu treffen. Das bedeutet, dass der Entscheid für ein konkretes Beschaffungsobjekt von vorangegangenen Investitionsgütereinkäufen abhängt und zukünftige Entscheidungen beeinflusst. Beispielsweise sollten bei der Beschaffung von Investitionsgütern mögliche Synergieeffekte mit bereits bestehenden Anlagen in Bezug auf die Wartung berücksichtigt werden. Der im Folgenden vorgestellte Beschaffungsprozess soll einen geeigneten Rahmen zur Bewältigung dieser Herausforderungen liefern (Abb. 5.1).

Der Beschaffungsprozess lässt sich grob in eine Anbahnungs- (Abschn. 5.1), Vereinbarungs- (Abschn. 5.2) und Abwicklungsphase (Abschn. 5.3) gliedern. Die Anbahnungsphase reicht von der Ermittlung der Bedarfe bis zu den abschließenden Verhandlungen mit den potenziellen Lieferanten. Die Vereinbarungsphase umfasst die Prozessschritte von der Vergabeentscheidung bis zur Kontrolle und Freigabe der Investitionsgüter. Damit ist jedoch der Prozess zur Beschaffung von Investitionsgütern noch nicht abgeschlossen. Die abschließende Abwicklungsphase beinhaltet die Schritte von der Organisation von Anlauf und Testbetrieb bis hin zur Desinvestition. Diese Prozesse werden durch die parallel laufenden Querschnittsaktivitäten Interdependenz-Management, Evaluation und Projekt-Management begleitet (Abschn. 5.4). Die Querschnittsaktivitäten dienen zur Umsetzung des ganzheitlichen Anspruchs des Beschaffungsprozesses sowie der Rekursivität, falls einzelne Phasen mehrmals durchlaufen werden müssen. Wird für ein bereits beschafftes Investitionsgut eine Nachfolge- oder Erweiterungsinvestition durchgeführt, beginnt der Prozess von neuem. Der Beschaffungsprozess ist sowohl für die Komponenten eines Investitionsgutes durchzuführen, insofern sich die Investition in Teilinvestition zerlegen lässt, als auch für Gesamtinvestitionen.

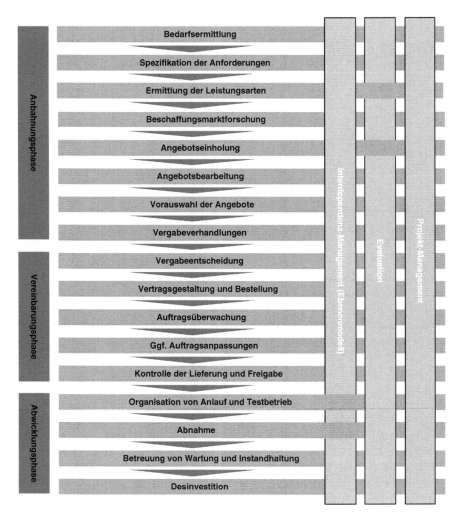

**Abb. 5.1** Prozess zur Beschaffung von Investitionsgütern

## 5.1 Anbahnungsphase

Der erste Schritt in jedem Beschaffungsprozess ist die *Bedarfsermittlung*. Dabei ist zu klären, welche Beschaffungsobjekte, in welcher Menge, zu welchem Zeitpunkt, in welcher Häufigkeit beschafft werden sollen und welche Kosten diese Beschaffungsobjekte verursachen.[1] Bei der Beschaffung von Investitionsgütern, die einen unregelmäßigen oder einmaligen Bedarf darstellen, geht der Impuls i.d.R. von der betroffenen Fachabteilung aus. Diese sollte zunächst angeben, welche Aufgabe mit

---

[1] Vgl. Kreuzpointner / Reißer (2006), S. 19.

dem zu beschaffenden Investitionsgut zu erfüllen ist. Der Einkauf sollte anschließend zusammen mit der Fachabteilung klären, welche Arten von Investitionsgütern hierfür in Frage kommen. Für regelmäßig zu beschaffende Investitionsgüter ist eine vorausschauende Beschaffungsplanung durchzuführen.

Der nächste Schritt bezieht sich auf die *Spezifikation der Anforderungen*, die in einem Lastenheft (auch Leistungsbeschreibung oder Leistungsverzeichnis genannt) festzuhalten sind. Inhalt und Umfang des Lastenheftes hängen dabei von der Bedeutung, dem Risiko und dem Wert des zu beschaffenden Investitionsgutes ab. Von Relevanz ist es, die Anforderungen an das Investitionsgut möglichst dezidiert zu erfassen. In diesen Prozess sind neben dem Einkäufer auch der Anwender und der Entscheider einzubinden. Eine besondere Schwierigkeit beim Investitionsgütereinkauf liegt darin, dass die Anforderungen in diesem Schritt oft nicht exakt feststehen. Letztere sind häufig in einem iterativen Prozess über die Angebotseinholung zu ermitteln. In jedem Fall sind die getroffenen Anforderungen jedoch nach der Notwendigkeit zu kategorisieren („must have" und „nice to have") und eine entsprechende Gewichtung der Anforderungen vorzunehmen. Dies erleichtert die im Folgenden detailliert beschriebene Vergabeentscheidung.

Nachdem die Anforderungen spezifiziert wurden, ist über eine erste Marktrecherche zu klären, welche Leistungsarten diese Anforderungen erfüllen können (*Ermittlung der Leistungsarten*). Dabei ist zu analysieren, welche Arten von Investitionsgütern für die spezifizierte Aufgabenstellung in Frage kommen. Beispielsweise kommen für die Aufgabe des innerbetrieblichen Transports von Produktionsmaterial völlig unterschiedliche Lösungen, wie Schleppzüge, Elektrohängebahnen oder fahrerlose Transportsysteme, in Frage. Des Weiteren sollte in diesem Abschnitt untersucht werden, ob für die relevanten Investitionsgüter unterschiedliche Finanzierungsalternativen, wie z. B. Miete, Leasing oder Performance Contracting (Abschn. 7.4), in Betracht kommen.

Im Zuge der *Beschaffungsmarktforschung* ist die Grundstruktur, die ein Beschaffungsmarkt aufweist, zu ermitteln sowie die zeitliche Entwicklung bestimmter Marktgrößen zu verfolgen. Des Weiteren sind Informationen über das zu beschaffende Produkt, die möglichen Lieferanten sowie konkrete Marktpreise in Erfahrung zu bringen. Um ein umfassendes Bild eines Beschaffungsmarktes zu erhalten, müssen eine Vielzahl von Informationsquellen in die Recherche einbezogen werden. Mögliche Informationsquellen zur Beschaffungsmarktforschung sind[2]:

- Messen und Ausstellungen
- Kontakte mit Verkäufern
- Unternehmensinterne Quellen
- Lieferantenpublikationen, z. B. Lieferantenkataloge und Preislisten
- Sonstige Publikationen, z. B. Fachzeitschriften, Statistiken, Branchenbücher und Bezugsquellenverzeichnisse
- Lieferantenbesuche
- Erfahrungsaustausch mit anderen Unternehmen

---

[2] Vgl. Arnolds et al. (2010), S. 51 ff.

Nachdem potenzielle Lieferanten ausfindig gemacht wurden, ist die *Angebotseinholung* für das zu beschaffende Investitionsgut anzustoßen. Dieser Prozessschritt wird alternativ Anfrage, Ausschreibung, Inquiry oder Request for Quotation (RFQ) genannt. Die dazu notwendigen Anfrageunterlagen umfassen bei einer schriftlichen Anfrage i.d.R. ein Anfrageschreiben, eine Spezifikation des Investitionsgutes (falls vorhanden inkl. technischer Zeichnung), eine Leistungsbeschreibung und Angaben zum erwarteten Liefer- und Abgabetermin. Die Anzahl der eingeholten Angebote hängt dabei vom Wert des zu beschaffenden Gutes ab.[3]

Die eingehenden Angebote sind anschließend auf rechtliche Gültigkeit und sachliche Vollständigkeit zu überprüfen (so genannte *Angebotsbearbeitung*). Falls notwendige Angaben fehlen, sind diese bei den Lieferanten zu erfragen. Des Weiteren müssen die Angebote einer technischen und kaufmännischen Prüfung unterzogen werden. Stehen nach der Prüfung auf formelle Kriterien nicht mehr genügend Angebote zur Auswahl, sind ggf. weitere Anfragen an alternative Lieferanten zu stellen.

Sind nach der formellen Prüfung der Angebote noch zu viele Angebote vorhanden, um mit allen Lieferanten zielführende Verhandlungen führen zu können, muss eine *Vorauswahl der Angebote* getroffen werden. Prinzipiell sind dazu die gleichen Kriterien wie für die spätere Vergabeentscheidung heranzuziehen. Dabei sollten jedoch, insbesondere beim Investitionsgütereinkauf, Angebote von langfristigen Geschäftspartnern nicht vorschnell aussortiert werden, da diese Lieferanten tendenziell eher zu Nachbesserungen ihrer Angebote bereit sind. Auch für die sonstigen Angebote empfiehlt es sich, eine Einschätzung hinsichtlich des zu erzielenden Verhandlungspotenzials in die Entscheidung einfließen zu lassen.

Falls aufgrund des Investitionsvolumens und möglicher Kosten- oder Leistungspotenziale die Verhandlung einer oder mehrere Angebote als sinnvoll erachtet wird, kann diese in einem persönlichen Gespräch oder per Videokonferenz bzw. Telefon durchgeführt werden. Im Rahmen der *Vergabeverhandlung* wird geprüft, ob das Verständnis der Vereinbarungen übereinstimmt und alle Differenzen geklärt sind. Die Vergabeverhandlungen sind dabei nicht als Wettbewerb zwischen Anbieter und Abnehmer anzusehen, sondern als eine Interaktion, aus der beide Parteien als „Gewinner" hervorgehen sollten. Dennoch sind beide Parteien daran interessiert, ihre Verhandlungsposition, die z. B. durch die Monopolstellung des Anbieters oder die Marktmacht des Abnehmers resultiert, geschickt einzusetzen. Wesentlich zum Gelingen einer Vergabeverhandlung tragen eine gute Vorbereitung der Verhandlungsorganisation und des Verhandlungsablaufs bei.

## 5.2 Vereinbarungsphase

Die *Vergabeentscheidung* ist ein bedeutender Schritt im Prozess des Investitionsgütereinkaufs, da hier die Weichen für den Erfolg des Projektes gelegt werden. Zur Entscheidungsunterstützung bei der Alternativenauswahl dienen z. B.

---

[3] Vgl. Büsch (2007), S. 174 ff.

Investitionsrechenverfahren unter Berücksichtigung der Lebenszykluskosten (Abschn. 7.1), der Realoptionsansatz (Abschn. 7.3) sowie eine Evaluation auf Basis des Scoring-Modells (Abschn. 5.4.2). Die Vergabeentscheidung erfolgt, sobald ein für die beteiligten Parteien zufriedenstellendes Verhandlungsergebnis bezüglich verschiedener Kriterien, wie z. B. Preis, Qualitätsvereinbarungen und Terminen, zustande gekommen ist.

Nachdem eine Entscheidung getroffen wurde, folgt die *Vertragsgestaltung* und Bestellung. Bei der Beschaffung standardisierter Investitionsgüter kommen Kaufverträge, bei individuellen Investitionsgütern Werkverträge zur Anwendung. Inhalte eines Vertrages sind die Leistungsbeschreibung, Fristen und Fälligkeiten sowie sonstige Klauseln, wie beispielsweise Laufzeit- und Kündigungsmöglichkeiten, Haftungsklauseln, insbesondere für Spätlieferung und Mängel, sowie die Gerichtsstandklausel. Die finale Vertragsversion sollte klar verständlich und frei von juristischen Spitzfindigkeiten sein. Ist die Vertragsgestaltung abgeschlossen, kann die Bestellung eingeleitet werden. Ein Vertrag kommt zustande, wenn eine Bestellung auf Basis eines Angebots erteilt wird, die Bestellung durch eine Auftragsbestätigung bescheinigt wird oder die Bestellung durch stillschweigende Annahme ausgeführt wird.[4]

Im Falle einer großen Zeitdauer bis zur Lieferung des Investitionsgutes empfiehlt es sich, den Auftragsfortschritt in regelmäßigen Abständen zu überprüfen (*Auftragsüberwachung*). Bei Abweichungen gegenüber dem ursprünglichen Plan sind unverzüglich entsprechende Gegenmaßnahmen einzuleiten und die Verzögerung an die internen Beteiligten zu kommunizieren.

Bei individuellen Investitionsgütern kommt es häufig zu nachträglichen Änderungen des Leistungsumfangs. Auftragsanpassungen können sich aus veränderten Wünschen des beschaffenden Unternehmens, technischen oder betriebswirtschaftlichen Anpassungen seitens der Lieferanten oder aus veränderten externen Rahmenbedingungen ergeben. In dieser Situation kommt dem schriftlichen Vertrag eine hohe Bedeutung zu, da sich stets die Frage stellt, wer die Änderungen zu bezahlen hat und wie mit möglichen Zeitverzögerungen umgegangen wird. Das Ziel im Rahmen des Claim Managements ist es, die nicht vorhersehbaren Ereignisse im Beschaffungsprozess im Hinblick auf deren kommerzielle Folgen einvernehmlich zu klären.

Nachdem die Lieferung des Investitionsgutes erfolgt ist, muss überprüft werden, ob die im Vertrag spezifizierten Leistungsumfänge eingehalten wurden (*Kontrolle der Lieferung und Freigabe*). Ist dies der Fall, erfolgt die Freigabe für den Testbetrieb.

---

[4] Vgl. Kreuzpointner / Reißer (2006), S. 108 f.

## 5.3 Abwicklungsphase

Die Abwicklungsphase stellt die letzte Phase eines Beschaffungsprozesses dar. Im Anschluss an die Vereinbarungsphase sind nun die *Organisation des Anlaufs sowie der Testbetrieb* anzustoßen.[5] Hierbei sollte eine sorgfältige Prüfung des Investitionsgutes erfolgen, um eventuelle Mängel zu entdecken.[6] Durch den Testbetrieb werden die Funktionsfähigkeit überprüft sowie Sicherheitsmängel aufgedeckt. Zusätzlich ist eine Einweisung der Angestellten zur Bedienung des Investitionsgutes zu empfehlen.

Im Rahmen der *Abnahme* wird häufig ein Abnahmeprotokoll eingesetzt, insbesondere bei Vorliegen eines Werkvertrages (Abschn. 6.1), anhand dessen die vollständige und mängelfreie Leistungserbringung schriftlich bestätigt wird. Mit der Abnahme endet ein wesentlicher Teil der Vertragserfüllung, d.h. die vereinbarte Vergütung wird fällig und der Beginn der Gewährleistungsfrist startet. Sind Mängel des Investitionsgutes nicht auf dem Abnahmeformular vermerkt, so hat der Auftraggeber im Nachhinein festgestellte Mängel nachzuweisen, wodurch für das Unternehmen hohe Kosten anfallen könnten.[7]

Um die Verfügbarkeit von Investitionsgütern dauerhaft zu gewährleisten, ist *die Bedeutung von Wartung und Instandhaltung* sicherzustellen. Aufgrund der Komplexität der Beschaffungsobjekte, der Verkettung mehrerer Anlagen sowie dem Kostendruck auf das Unternehmen steigt die Bedeutung der Instandhaltung zunehmend. Dabei bestehen diverse Instandhaltungsstrategien, die sowohl intern, als auch von externen Unternehmen durchgeführt werden können. Zudem entstehen konstant neue Dienstleistungskonzepte, wie z. B. Performance Contracting-Lösungen (Abschn. 7.4).[8]

Die Außerbetriebsetzung eines Investitionsgutes (häufig in Kombination mit einer Veräußerung), ohne eine Ersatzinvestition zu tätigen, wird als *Desinvestition* bezeichnet. Die Desinvestition von Investitionsgütern schafft Raum für Neues und setzt Kapital frei, welches beispielsweise in Erweiterungs- und Ersatzinvestitionen fließen kann. Somit ist die Desinvestition eine Form der Innenfinanzierung und sichert den technischen Fortschritt im Unternehmen. Der optimale Ersatzzeitpunkt sowie die optimale Nutzungsdauer können mithilfe diverser Methoden, wie z. B. der Kapitalwertmethode, bestimmt werden (Abschn. 7.2).[9]

## 5.4 Verbindende Querschnittsaktivitäten

Die sequentiell ablaufenden Prozesse des Investitionsgütereinkaufs werden von den verbindenden Querschnittsaktivitäten Interdependenz-Management (Abschn. 5.4.1), Evaluation (Abschn. 5.4.2) und Projekt-Management (Abschn. 5.4.3)

---

[5] Vgl. Terwiesch / Bohn (1998).
[6] Vgl. Kreuzpointner / Reißer (2006), S. 146.
[7] Vgl. Kreuzpointner / Reißer (2006), S. 146.
[8] Vgl. Voigt (2008), S. 508 ff.
[9] Vgl. Voigt (2008), S. 475 ff.

## 5.4.1 Interdependenz-Management

Im Rahmen des Interdependenz-Managements werden mit Hilfe eines dreiteiligen Ebenenmodells Leistungsart und Lieferanten der zu beschaffenden Investitionsgüter sowie wechselseitige Einflüsse und Zusammenhänge zwischen diesen ermittelt und dargestellt.

Die Ebene 1, die sich auf die Leistungsart des Investitionsgutes bezieht, dient einer ersten Konkretisierung und Clusterung aller relevanten Beschaffungsleistungen hinsichtlich ihrer Art. Unterschieden wird hierbei zwischen den einzusetzenden Materialien, den möglicherweise anfallenden Bauleistungen und anderen Dienstleistungen, der damit einhergehenden Logistik sowie dem Bereich „Operations & Maintenance" (Abb. 5.2). Die Logistik bezieht sich dabei auf alle Leistungen zum Transport und zur Lagerung der Investitionsgüter. „Operations & Maintenance" umfasst die Leistungen zum Betrieb, Wartung und Instandsetzung der Investitionsgüter. In dieser Ebene lassen sich bereits genaue Spezifikationen des Investitionsgutes aufnehmen, wie z. B. die Ermittlung des Materials und des Materialbedarfs, die dazugehörigen Abmessungen und Qualitätsanforderungen, das Gewicht sowie die Festlegung von technischen Normen und Toleranzgrenzen für technische Vorgaben. Die Notwendigkeit dieses Analyseschritts ergibt sich aus den stark unterschiedlichen Vorgehensweisen zur Beschaffung der jeweiligen Leistungen. Einerseits zeigt die Einordnung der Leistungen nach Leistungsarten in einem ersten Schritt, welche Leistungen notwendig sind, um die Investition zu tätigen. Andererseits offenbart sich bereits hier die Komplexität eines Investitionsvorhabens und begründet eine systematische Vorgehensweise.

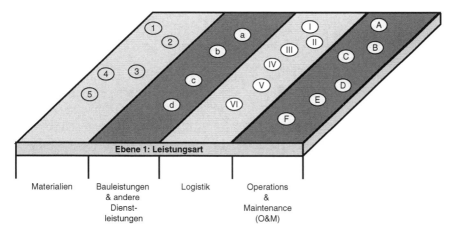

**Abb. 5.2** Clusterungsschema der Leistungsart für Investitionsgüter (Ebene 1)

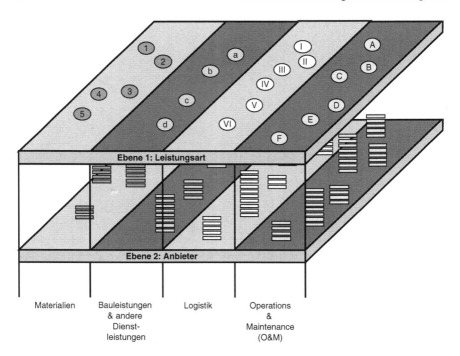

**Abb. 5.3** Clusterungsschema der Anbieter für Investitionsgüter (Ebene 2)

Mit der Zuordnung zu Leistungsarten lässt sich eine erste grobe Untergliederung relevanter Performance-Bereiche eines Investitionsgutes vornehmen. Hinter jeder Leistungsart steht jedoch ein eigener Beschaffungsmarkt, mit spezifischen Marktstrukturen. Um diesem Sachverhalt Rechnung zu tragen, werden auf Ebene 2, wie in Abb. 5.3 dargestellt, jeder Leistungsart ein oder mehrere Anbieter zugeordnet, die eine Einschätzung der Beschaffungsmarktstrukturen zulassen.

Auf der Ebene 2 ist über eine ausgiebige Beschaffungsmarkt- und Lieferantenrecherche ein Pool an Lieferanten zusammenzustellen. Etwaige Bestandslieferanten und deren Portfolio sowie Erfahrungswerte innerhalb des Unternehmens sind für diese Betrachtung ebenfalls zu nutzen. Die angestrebte Clusterung ist zusammen mit allen relevanten Personen des Investitionsgütereinkaufs durchzuführen, um einen gemeinsamen Wissensstand und eine möglichst hohe Transparenz innerhalb des Beschaffungsprozesses gewährleisten zu können. Durch die Zuordnung von Anbietern zu Leistungsarten wird die Transparenz erhöht. Es wird deutlich, welchen Grad an Aufmerksamkeit die jeweiligen Leistungsarten benötigen. Eine große Anzahl von Anbietern wird in der Regel als Indikator für starken Wettbewerb gesehen, so dass die Schaffung von Wettbewerb weniger Aufwand verlangt. Leistungsarten, denen nur einzelne bis wenige Anbieter gegenüber stehen, sind dagegen aufgrund

## 5.4 Verbindende Querschnittsaktivitäten

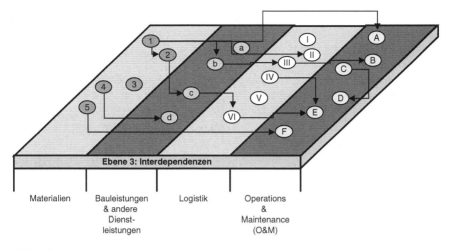

**Abb. 5.4** Schema der Interdependenzen der Leistungsarten für Investitionsgüter (Ebene 3)

der eingeschränkten Verhandlungsmacht ein Zeichen für den Bedarf an erhöhter Aufmerksamkeit im Beschaffungsprozess.

Auf der Ebene 3 sind in einem weiteren Schritt Interdependenzen der zu beschaffenden Leistungen vor dem Hintergrund der Anbietersituation darzustellen (Abb. 5.4).

Wie erörtert, ergeben sich durch die Auswahl bestimmter Materialien und Materialkombinationen ggf. Abhängigkeiten, die für die weitere Entscheidungsfindung relevant sind. Durch mögliche Abstimmungsrunden der in den Prozess involvierten Personen sind auf Basis der jeweiligen Kombinationsmöglichkeiten und deren Realisierbarkeit konkrete Beschaffungsstrategien zu erarbeiten. Diese Strategien beinhalten oftmals bedingte Entscheidungen. Fällt die Entscheidung beispielsweise auf Material 1, so ergeben sich mit Hilfe einer Szenariobetrachtung zwei unterschiedliche Beschaffungsstrategien, die gegeneinander abzuwägen sind. Beschaffungsstrategie 1 greift beispielsweise auf das Material 1 zurück und beinhaltet die Bauleistung b, die Logistik III sowie Operations & Maintenance der Ausprägung B. Demgegenüber bezieht die Beschaffungsstrategie 2 ebenfalls Material 1, jedoch wird hier zusätzlich Material 2 ergänzt und somit die Bauleistung c, die Logistik VI und Operations & Maintenance der Kategorie E beansprucht. Ebenso können Zertifikate, Patente oder weitere rechtliche Rahmenbedingungen ein Grund dafür sein, dass die folgenden Verarbeitungsschritte eines Materials an einzelne Lieferanten gebunden sind. Denkbar ist weiterhin eine Abhängigkeit in Bezug auf die mit der Beschaffung des ausgewählten Materials verbundenen Logistik. Durch die Wahl des Materials oder der Materialgruppe besteht aufgrund der Größe eines Materials die Gefahr, nur einem engen Kreis potentieller Logistikdienstleistern gegenüber zu stehen, die in der Lage sind, derartige Güter zu transportieren. Darüber hinaus kann die Auswahl des Logistikdienstleisters bereits durch den liefernden Hersteller bzw. Händler vorgeschrieben sein, so dass eine Trennung der Logistik von der eigentlichen Leistung in diesem Fall nicht möglich ist.

Durch die Herstellung von Interdependenzen der Materialien, Dienstleistungen, Logistik sowie Operations & Maintenance wird der Gestaltungsspielraum der Investitionsentscheidung eingeengt. Die Kombinationsmöglichkeiten und deren Realisierbarkeit stehen bei der Bildung der Beschaffungsstrategien für Investitionsgüter im Fokus der Betrachtung. Abbildung 5.5 zeigt eine Zusammenfassung des 3-Ebenen Modells des Investitionsgütereinkaufs.

Die Untersuchung von Interdependenzen ist nicht nur auf die im Ebenenmodell dargestellten Bereiche beschränkt. Vielmehr sind in fast allen Prozessschritten des Investitionsgütereinkaufs die ermittelten Abhängigkeiten zwischen Leistungsart und Anbieter erneut zu analysieren, um Einflüsse auf bedingte Entscheidungen zu berücksichtigen.

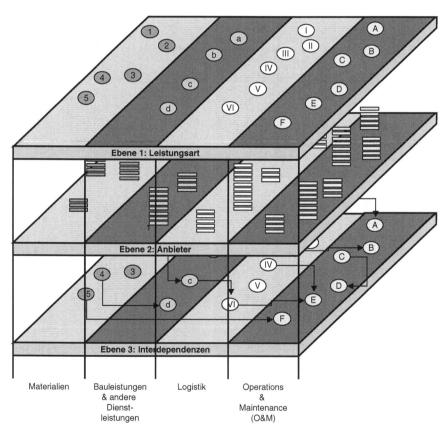

**Abb. 5.5** Schema des 3-Ebenen Modells des Investitionsgütereinkaufs zur Darstellung von Interdependenzen

## 5.4.2 Evaluation

Da das Ebenenmodell lediglich die Interdependenzen der einzelnen Beschaffungsstrategien darstellt, muss zur Evaluation in einem weiteren Schritt eine quantitative und qualitative Bewertung der identifizierten bzw. eingeschlagenen Beschaffungsstrategien durchgeführt werden. Abbildung 5.6 zeigt beispielhaft die Beschaffungsstrategien 1 und 2 sowie deren quantitative Ausprägungen.

Bei der quantitativen Bewertung werden für alternative Beschaffungsstrategien Einnahmen und Ausgaben über die gesamte Nutzungsdauer unter Berücksichtigung vergleichbarer Annahmen aufgeführt. Auf diese Weise lässt sich der Kapitalwert[10] errechnen und die Entscheidung über eine präferierte Strategie aus monetär-quantitativer Sichtweise treffen. Weitere Methoden zur Durchführung einer quantitativen Bewertung sind die Kosten- und Gewinnvergleichsrechnung, Rentabilitätsrechnung, Amortisationsrechnung, Methode des internen Zinsfußes oder die Annuitätenmethode.[11]

Abbildung 5.7 zeigt eine qualitative Bewertung für die Beschaffungsstrategien 1 und 2. Diese Beschaffungsstrategien werden dabei anhand einer Nutzwertanalyse[12] für die Bewertungskriterien Umweltaspekte, Ressourcenbindung und Schnittstellensynergien bewertet. Diese Evaluation kann alternativ mit Hilfe des „Analytic

| | | Nutzungsdauer | | | | Summe | Kapitalwert |
|---|---|---|---|---|---|---|---|
| Beschaffungsstrategie 1 | Ausgaben (Mio. €) | –20 Mio. € | –20 Mio. € | –100 Mio. € | –70 Mio. € | –210 Mio. € | $x_1$ |
| | Einnahmen (Mio. €) | 0 € | 0 € | +70 Mio. € | +400 Mio. € | +470 Mio. € | |
| Beschaffungsstrategie 2 | Ausgaben (Mio. €) | –100 Mio. € | –10 Mio. € | –90 Mio. € | –20 Mio. € | –220 Mio. € | $x_2$ |
| | Einnahmen (Mio. €) | 0 € | 0 € | +70 Mio. € | +400 Mio. € | +470 Mio. € | |

**Abb. 5.6** Exemplarische Beschaffungsstrategien für Investitionsgüter im monetär-quantitativen Vergleich

---

[10] Der Kapitalwert einer Investition ist die Summe der auf den Beginn der Investition abgezinsten Ein- und Auszahlungen, die durch diese Investition verursacht werden. Vgl. Lee / Lee (2006), S. 189.

[11] Vgl. Bittler et al. (1972), S. 65.

[12] Die Nutzwertanalyse analysiert mehrere komplexe Alternativen und hat das Ziel, eine Ordnung in Bezug auf die Präferenzen des Entscheidungsträgers hinsichtlich eines multidimensionalen Zielsystem herzustellen. Vgl. Götze et al. (2008), S. 175.

| Bewertungskriterien | Umwelt-aspekte | Ressourcen-bindung | Schnittstellen-Synergien | ..... | Wertigkeit |
|---|---|---|---|---|---|
| Gewichtung | 20% | 40% | 40% | | |
| Beschaffungsstrategie 1 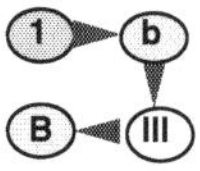 | +4 | +6 | +8 | | 6,4 |
| Beschaffungsstrategie 2 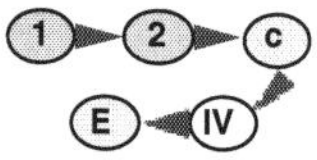 | −2 | +9 | +3 | | 4,4 |

**Abb. 5.7** Exemplarische Beschaffungsstrategien für Investitionsgüter im qualitativen Vergleich

Hierarchy Process" erfolgen.[13] Die Anzahl und die Detailtiefe der Analyse der einzelnen Bewertungskriterien, aber auch der dazugehörigen Gewichtung sollten individuell und auf das jeweilige Investitionsgut angepasst werden. Im dargestellten Beispiel weist Beschaffungsstrategie 1 eine höhere Wertigkeit aus und entscheidet damit den qualitativen Vergleich für sich.

Um die Vergleichbarkeit verschiedener Beschaffungsstrategien für Investitionsgüter zu gewährleisten und zu einer fundierten Entscheidung zu gelangen, bedarf es häufig weiterhin eines Scoring Modells, mit welchem sich sowohl quantitative als auch qualitative Faktoren einer Bewertung zuführen lassen (Abb. 5.8).

Komplexe Investitionsentscheidungen können zur Entscheidungsfindung zweidimensional visualisiert werden. Da Beschaffungsstrategie 1 sowohl einen höheren Kapitalwert, als auch mehr Scoring-Punkte aufweist, ist diese der Beschaffungsstrategie 2 vorzuziehen. Kann eine Beschaffungsstrategie nur in einer der beiden Dimensionen einen Vorteil aufweisen, gilt es zwischen dem qualitativen Nutzen (Scoring-Punkte) und der monetär-quantitativen Bewertung (Kapitalwert) abzuwägen. Diese Bewertung kann über eine weitere Gewichtung der beiden Dimensionen erfolgen.

Die Durchführung einer Evaluation ist für nahezu alle Projektschritte beim Investitionsgütereinkauf relevant, da stets eine Entscheidung zwischen mehreren Alternativen zu treffen ist. Der Reifegrad der Evaluation nimmt aufgrund einer konkreter werdenden Daten- und Informationssituation von Prozessschritt zu Prozessschritt weiter zu. Beispielsweise ist bei der Beschaffungsmarktforschung zu eruieren, welche Regionen in die Rechercheverfahren aufgenommen werden oder bei der Auftragsüberwachung stellt sich die Frage, welche Prozesse und Termine

---

[13] Vgl. Saaty (1990), S. 9 ff.

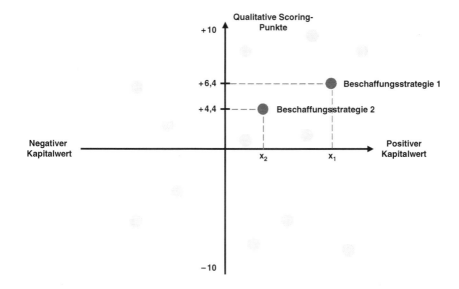

**Abb. 5.8** Exemplarisches Scoringmodell für den Investitionsgütereinkauf

mit welchen Kenngrößen qualitativ und quantitativ zu überwachen sind. Von besonderer Bedeutung ist hierbei auch die Evaluierung des Einkaufsprozesses, d.h. die Erfolgsmessung des Investitionsgütereinkaufs (Abschn. 6.2).

### 5.4.3 Projekt-Management

Die Beschaffung eines Investitionsgutes erfordert über alle Projektschritte hinweg ein effektives und effizientes Projekt-Management zu dem weiterhin eine adäquate Beschaffungsorganisation zählt. Dies umfasst alle mit dem Investitionsgütereinkauf verbundenen Planungs-, Steuerungs- und Kontrollaktivitäten. Wesentliche Aufgaben dabei sind die Budgetierung, Zeitplanung, Ressourcenplanung und das Risikomanagement sowie die Etablierung einer geeigneten Organisationsstruktur, inkl. Anreizsetzung und Entscheidungswegen (Abb. 5.9).

Die Budgetierung im Rahmen des Projekt-Managements thematisiert vor allem die Erstellung und Steuerung eines Finanzplans zum Investitionsgütereinkauf. Dieser basiert üblicherweise auf einer zuvor durchgeführten Investitionsrechnung. Nachdem der Investitionsantrag entsprechend bestimmter Freigabegrenzen von den zuständigen Akteuren genehmigt wurde, dürfen Ausgaben getätigt werden. Der Kostenkontrolle kommt anschließend die Aufgabe zu, durch einen Soll-Ist-Vergleich mögliche Kostenabweichungen zu erkennen und falls notwendig

**Abb. 5.9** Aufgaben des Projektmanagements im Rahmen des Investitionsgütereinkaufs

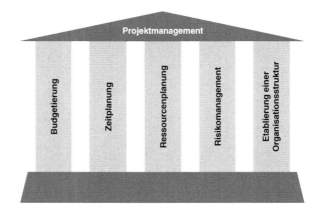

Maßnahmen zur Gegensteuerung einzuleiten. Diese Gegenmaßnahmen können beispielweise Anpassungen bei der Leistungsspezifikationen beinhalten oder sich auf effizienzverbessernde Aktivitäten beziehen.

Des Weiteren ist beim Projekt-Management eine dezidierte Zeitplanung anzustellen. Die Projekt-Zeitplanung reflektiert den Zeitbedarf der einzelnen Phasen unter Berücksichtigung der Vorlaufzeiten der unterschiedlichen Schritte. Eine Detailbetrachtung auf die einzelnen Beschaffungsvolumina in den jeweiligen Phasen ermöglicht unter Berücksichtigung der Anbieterstruktur die Festlegung der notwendigen Vorlaufzeiten für die einzubeziehenden Leistungsarten. Die Beschaffungszeit einer individuell zu fertigenden Maschine weicht beispielsweise deutlich von der Beschaffungszeit einer Maschine ohne jeglichen Individualisierungsrad ab. Zur Entwicklung der in Abb. 5.10 dargestellten Zeitplanung zur Umsetzung einer Beschaffungsstrategie ist das beschriebene Ebenenmodell in einen geeigneten Zeitplan zu überführen. Die Einhaltung der einzelnen Phasen unterliegt dabei einer ständigen Steuerung und Kontrolle.

Bei der Ressourcenplanung geht es darum, die konkurrierenden Kosten-, Zeit- und Sachziele möglichst optimal miteinander zu verknüpfen und in einem iterativen Prozess zu steuern. Grundsätzlich werden die Ressourcenarten Personal, Sachmittel und finanzielle Mittel unterschieden. Personalressourcen beziehen sich auf die räumliche und zeitliche Verfügbarkeit ausreichend qualifizierter Mitarbeiter. Beispielsweise sollten die mit der Beschaffung von Investitionsgütern vertrauten Einkäufer entsprechendes technisches Fachwissen aufweisen, um mit den technischen Verantwortlichen auf Augenhöhe sprechen zu können. Sachmittel beinhalten beispielsweise die zur Durchführung des Projekts notwendigen Räumlichkeiten, Informations- und Kommunikationsmittel sowie Anlagen und Maschinen. Dabei ist zu klären, wer in welchem Umfang auf die vorhandenen Sachmittel zugreifen darf. Die Planung der finanziellen Mittel sollte in enger Abstimmung mit der Budgetierung erfolgen.

Das Risikomanagement umfasst alle Maßnahmen zur Beurteilung und Verbesserung der Risikolage eines Projektes zum Investitionsgütereinkauf. Das Risiko eines

## 5.4 Verbindende Querschnittsaktivitäten

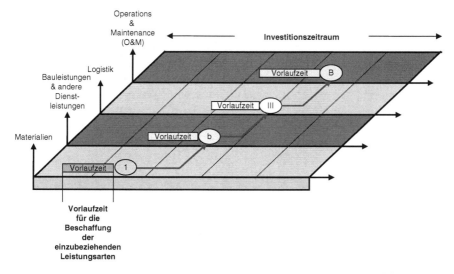

**Abb. 5.10** Zeitplan einer Beschaffungsstrategie im Rahmen des Investitionsgütereinkaufs

Ereignisses ist dabei grundsätzlich definiert als das Produkt aus Eintrittswahrscheinlichkeit und Schadenshöhe. Im Rahmen des Risikomanagementprozesses erfolgen zunächst die Identifikation und die Bewertung der relevanten Risiken. Anschließend wird bei der Maßnahmenplanung für jedes bewertete Risiko darüber entschieden, wie damit umgegangen wird. Die Strategien, die den Maßnahmen zugrunde liegen, können folgendermaßen unterteilt werden[14]:

- Ursachenbezogene Risikostrategien:

    o Risikovermeidung: Vollständige Beseitigung des Risikos, z. B. durch Verzicht auf Investitionsgüter-Lieferanten aus Krisenländern.
    o Risikoverminderung: Reduzierung des Risikos durch Senkung der Eintrittswahrscheinlichkeit oder des Schadensausmaßes, z. B. durch ein effektives Projekt-Management Investitionsgütereinkauf.
    o Risikostreuung: Reduzierung des Risikos durch die Ausnutzung von Korrelationseigenschaften zwischen Einzelrisiken, z. B. durch Multiple Sourcing.

- Wirkungsbezogene Risikostrategien:

    o Risikoüberwälzung: Übertragung der Risiken an Vertragspartner und Versicherungsunternehmen, z. B. durch Vereinbarung von Vertragsstrafen bei Terminverzug seitens der Lieferanten für wichtige Baugruppen des Investitionsgutes.
    o Risikoselbsttragung: Bewusstes Übernehmen der mit dem Risiko verbundenen Verluste und Gewinne, z. B. Beschaffung bei günstigen aber risikobehafteten Investitionsgüter-Herstellern.

---

[14] Vgl. Becker / Rieke (2005), S. 275.

Neben den geschilderten Aufgaben sind beim Projekt-Management zum Investitionsgütereinkauf noch weitere Aufgaben, wie z. B. die Erstellung eines Projektvertrags, Projektkommunikation und Change Management durchzuführen. Nach Beendigung aller Tätigkeiten sind weiterhin eine finale Kontrolle und eine Dokumentation des Projektes und die Auflösung der Projektstrukturen vorzunehmen. Hinsichtlich der Ausgestaltung des Investitionsgütereinkaufs findet in der Praxis in vielen Fällen keine organisatorische Trennung zur Beschaffung anderer Güter statt. Des Weiteren ist der Investitionsgütereinkauf häufig dezentral organisiert, d.h. die wesentlichen Entscheidungen werden durch die Verantwortlichen vor Ort getroffen. Daher ist es schließlich von besonderer Bedeutung, Anreizsysteme beim Investitionsgütereinkauf zu schaffen, die alle beteiligten Akteure einbeziehen und am Gesamtwohl des Unternehmens ausgerichtet sind. Anreizsysteme sollten daher nach Möglichkeit nicht nur auf die Einkaufsmitarbeiter, sondern auch auf Mitarbeiter technischer Abteilungen ausgerichtet sein und die Gesamtkosten eines Investitionsgutes berücksichtigen.

# Kapitel 6
# Instrumente und Methoden des Investitionsgütereinkaufs in Bezug auf die beteiligten Akteure

## 6.1 Compliance Management im Investitionsgütereinkauf

### 6.1.1 Einführung in das Compliance Management

Während beim Investitionsgütereinkauf meist nur wirtschaftliche Kosten-Nutzen-Aspekte Beachtung finden, wird die Relevanz des Compliance und Compliance Managements für die Einhaltung gesetzlicher und interner Regelungen im Investitionsgütereinkauf oft nicht erkannt. Dabei nimmt das Thema Compliance in Bezug auf Rechtsunsicherheiten aufgrund von Einmalinvestitionen, langwierigen Planungs- und Entscheidungsprozessen, sowie multi-organisationalen Schnittstellenmanagement-Systemen eine besondere Stellung ein.[1]

Allgemein steht Compliance für die Einhaltung von Gesetzen, regulatorischen Standards und freiwillig auferlegten Regelungen.[2] Übergeordnete Ziele stellen dabei die Minimierung von wirtschaftlichen Risiken jeglicher Art sowie die Garantie der Rechtssicherheit zur Vermeidung von Haftungsrisiken und Reputationsschäden dar.[3]

Neben der Absicherung gegen Risiken in Bezug auf externe Stakeholder erstrecken sich die Ziele eines ganzheitlichen Compliance Managements auf unternehmens- bzw. organisationsinterne Abläufe. Vorgaben zu Abläufen und Regelungen zu Verfahrensweisen führen dazu, dass im Rahmen des Compliance Managements die Effizienz der Organisation gesteigert wird. Das projektbezogene Compliance Management im Investitionsgütereinkauf muss dabei in die übergeordnete strategische Zielsetzung des Unternehmens und dessen Organisationsstruktur integriert werden.[4] Allgemein umfasst die Ausgestaltung des Compliance Managements drei Schritte:

---

[1] Vgl. Arnolds et al. (2010), S. 429.
[2] Vgl. Schneider (2003), S. 646.
[3] Vgl. Fissenewert (2010), S. 64 ff.
[4] Vgl. Bürkle (2005), S. 565.

- Zunächst gilt es, mögliche Risiken zu identifizieren und zu analysieren, um daraus eine entsprechende Strategie zur Risikovermeidung oder -minimierung für das gesamte Unternehmen sowie für das jeweilige Investitionsprojekt herzuleiten.
- Im nächsten Schritt sollte eine Compliance Richtlinie erstellt werden, welche sowohl Verhaltensrichtlinien als auch Regelungen zum Vertragsmanagement, Lieferanten-Kodizes[5] sowie Inhalte von Trainings für Mitarbeiter umfasst.[6]
- Um die Einhaltung der aufgestellten Vorgaben und Richtlinien und den Erfolg des Compliance Managements messen und sicherstellen zu können, ist in einem dritten Schritt die Festlegung eines internen Kontrollsystems unerlässlich. Ein Monitoring entlang des gesamten Beschaffungsprozesses anhand von Reports, Lieferantenaudits und entsprechenden Kennzahlen ist hierfür zu implementieren.[7]

### 6.1.2 Einordnung des Compliance Managements in den Prozess zur Beschaffung von Investitionsgütern

Compliance Management findet sowohl vor als auch begleitend zum gesamten Beschaffungsprozess Anwendung. Es kann somit als Steuerungselement interpretiert werden, welches dabei hilft, vor Beginn eines Projekts rechtliche und organisatorische Rahmenbedingungen für ein normatives Reportingsystem festzulegen, die über das gesamte Projekt hinweg Gültigkeit besitzen. Darüber hinaus sind die Dokumentation des gesamten Beschaffungsprozesses und eine fortlaufende Kontrolle der Einhaltung der Regelungen und Vorschriften entlang des Prozesses eine wesentliche Grundlage eines effektiven Compliance Managements (Abb. 6.1).[8] Aus diesem Grund ist es beispielsweise notwendig, dass ein strukturiertes Compliance Management im Investitionsgütereinkauf den gesamten Beschaffungsprozess von der Bedarfsermittlung bis hin zur Desinvestition begleitet.

### 6.1.3 Interdependenzen mit weiteren ausgewählten Aspekten bei der Beschaffung von Investitionsgütern

Im Folgenden sollen Interdependenzen des Compliance Managements mit drei ausgewählten Aspekten bei der Beschaffung von Investitionsgütern anhand der Beschaffung von Windkraftanlagen dargestellt werden.

---

[5] Ein Lieferanten-Kodex ist eine allgemein gültige Anforderung bezüglich nachhaltigen Wirtschaftens für alle Lieferanten von Waren und Dienstleistungen.
[6] Weiterführend Fissenewert (2010), S. 63 ff.
[7] Vgl. Rodewald / Unger (2006), S. 113 ff.
[8] Vgl. Hauschka (2008), S. 7.

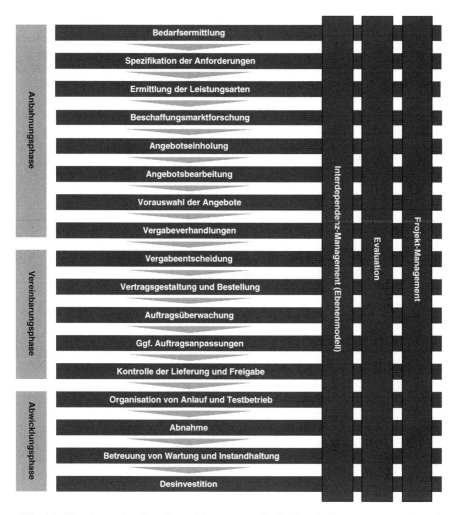

**Abb. 6.1** Einordnung des Compliance Managements in den Beschaffungsprozess von Investitionsgütern

### 6.1.3.1 Einhaltung von vergaberechtlichen Aspekten und Vertragsgestaltung

Bei der Beschaffung und dem Bau von Windkraftanlagen sind vor allem zwei juristische Tücken zu bedenken, um gewährleisten zu können, dass alle Rechtsvorschriften eingehalten werden. So ist erstens eine Differenzierung zwischen Werk- und Dienstverträgen oft nur schwer möglich, da häufig beide Rechtsgrundlagen wirksam sind. Zweitens sind bei entsprechenden Ausschreibungen ab Überschreitung gewisser Schwellenwerte vergaberechtliche Aspekte zu berücksichtigen. Zudem ist sicherzustellen, dass Verträge, die in diesem Zusammenhang abgeschlossen werden, sich für die Lebensdauer als sicher und günstig darstellen.

Im Hinblick auf die Vertragsgestaltung muss sich stets vergegenwärtigt werden, dass aufgrund der Nichtübertragbarkeit des Investitionsgütereinkaufs Rechte und Pflichten der Vertragsparteien üblicherweise in Individualverträgen festgehalten werden, weswegen „Allgemeine Einkaufsbedingungen" hierbei selten Anwendung finden. Dabei stellen die Substitution der unverzüglichen Prüfung und Mängelrüge durch die Abnahme, längere Verjährungsfristen sowie die generelle Nachbesserung bei Fehlern oder das Fehlen zugesicherter Eigenschaften hinsichtlich des Werkvertragsrechts wesentliche Unterschiede zum Kaufvertragsrecht dar. Besondere Beachtung sollte hierbei auch die Unterscheidung zwischen Werkvertragsrecht und Dienstvertragsrecht finden, da bei Investitionsgütern, wie beispielsweise Windkraftanlagen, oftmals beide Rechtsgrundlagen für Bestandteile der Anlagen und deren spätere Wartung wirksam sind. Weitestgehend wird das Werkvertragsrecht hier nur als rechtliche Basis der Anlagenbeschaffung gesehen.[9] Durch Spezialverordnungen, wie die Vergabe- und Vertragsordnung für Bauleistungen (VOB), wird dieses jedoch in den meisten Fällen ergänzt. Darüber hinaus werden anlässlich der Beschaffung von Windkraftanlagen oft durch Lieferanten geleistete Serviceleistungen, wie Wartungen und Instandsetzungsarbeiten, von den Betreibern in Anspruch genommen. Die Rolle der Lieferanten erschöpft sich mithin nicht in der reinen Beschaffung der erforderlichen Materialien und den Aufbau der Anlagen. Sie schließt außergewöhnliche Reparaturen und Kontrollen mit ein, die nach der Inbetriebnahme durchgeführt werden. In solchen Fällen ist in Deutschland zusätzlich auch noch das Dienstvertragsrecht (§§ 611 ff. BGB) zu berücksichtigen. Die strikte Abgrenzung beider aufgeführter Rechtsgrundlagen bereitet bei Wartungs-/Instandsetzungsverträgen teilweise erhebliche Schwierigkeiten.

Rechtliche Einschränkungen werden durch das Gesetz gegen Wettbewerbsbeschränkungen (GWB) konstituiert. Durch § 98 Nr. 4 GWB werden solche Auftraggeber in den Anwendungsbereich des Vergaberechts miteinbezogen, deren Stellung als Auftraggeber nicht aus ihrer Zugehörigkeit zur öffentlichen Hand resultiert, sondern aus der Ausübung von Tätigkeiten in einem bestimmten Sektor. Dabei handelt es sich um private Unternehmen, die jedoch wie Institutionen der öffentlichen Hand behandelt werden, da sie entweder eine gewisse Staatsnähe aufweisen oder in einem gesetzlich geschützten Wettbewerb stehen. Laut § 98 Nr. 4 GWB gehören zu dieser Kategorie Unternehmen, die auf dem Gebiet der Trinkwasser- oder Energieversorgung, im Verkehrswesen oder in der Telekommunikationsbranche tätig sind.

Bei Betreibern von Windkraftanlagen handelt es sich um sogenannte Sektorenauftraggeber, für die die neue Sektorenverordnung (SektVO) bei der Vergabe von Aufträgen maßgeblich ist, sofern gewisse Schwellenwerte erreicht werden (§ 2 VgV).[10] Bei Bauaufträgen liegt dieser Schwellenwert derzeit bei 4.845.000 €. Da das Vergabevolumen bei Windkraftanlagen in den meisten Fällen weit größer als

---

[9] §§ 631 ff. Bürgerliches Gesetzbuch (BGB).
[10] Sektorenverordnung (SektVO) ersetzt für den Sektorenbereich die Vergabeverordnung (VgV).

dieser Betrag ist, greift die SektVO. Generell existieren drei Arten von Vergabeverfahren nach der SektVO:

- Das *offene Verfahren*, welches einen unbeschränkten Kreis von Unternehmen zur Abgabe von Angeboten auffordert.
- Das *nicht offene Verfahren*, welches nur einen beschränkten Kreis von Unternehmen zur Angebotsabgabe auffordert.
- Das *Verhandlungsverfahren*, welches als einziges Verfahren Verhandlungen mit den Unternehmen zulässt.

Soweit möglich sollte immer das öffentliche Ausschreibungsverfahren angewendet werden und nur in solchen Fällen, wo dies nicht möglich ist, kann eine beschränkte Ausschreibung stattfinden. Erst wenn auch diese Art der Ausschreibung nicht durchführbar ist, kann eine freihändige Vergabe erfolgen (§ 101 GWB).

Inhaltlich müssen Ausschreibungen den allgemeinen Grundsätzen des Vergaberechts nach § 97 GWB entsprechen. Diese beinhalten den Wettbewerbsgrundsatz, das Transparenzgebot und das Diskriminierungsverbot, eine Berücksichtigung mittelständischer Interessen, eine Vergabe an fachkundige, leistungsfähige und zuverlässige Unternehmen und den Grundsatz des wirtschaftlichsten Angebots sowie subjektiver Bieterrechte (Anspruch auf Einhaltung der Bestimmungen über das Vergabeverfahren). In den einzelnen vertraglichen Regelungen kann sich der Auftraggeber an der Vergabe- und Vertragsordnung für Bauleistungen (VOB, Teil A) orientieren. Diese ist jedoch weder eine Rechtsverordnung noch ein Gesetz, kann aber als Allgemeine Geschäftsbedingung (AGB) übernommen werden. Da die VOB die vertraglichen Bestandteile jedoch meist nicht genau genug regelt, werden von den auftragserteilenden Unternehmen oft, wie eingangs in diesem Kapitel erläutert, noch zusätzliche vertragliche Bestandteile definiert und festgehalten.

Wie sich aus der Regelung des VOB für das Überschreiten von Schwellenwerten ergibt, sind für den Großteil der Aufträge von Windkraftanlagen auch die exakte Form der Beschreibung von Leistungen und technischen Anforderungen sowie die Pflichten zur Bekanntmachung laut SektVO einzuhalten. In manchen Fällen informieren Unternehmen neben den erwarteten Leistungen weiterhin über die jeweilige Gewichtung in der Wertung der ausgeschriebenen Leistungen aus Unternehmenssicht. Bei diesem Vorgehen besteht jedoch die Gefahr, dass Ausschreibungsteilnehmer sich mit ihrem Angebot ausschließlich bei den am stärksten gewerteten Bestandteilen auf ein attraktives Preis-Leistungs-Verhältnis beschränken und aus Sicht der Lieferanten weniger interessante Teilaspekte des Angebots nicht zulänglich berücksichtigt werden. Basierend auf der veröffentlichten Gewichtung muss der Auftrag dann dennoch an den Lieferanten mit dem, laut Auswertungskriterien, besten Angebot vergeben werden, was letztendlich nicht unbedingt dem wirtschaftlichsten Gesamtangebot entspricht. Abbildung 6.2 zeigt den rechtlichen Rahmen des Compliance Managements.

**Abb. 6.2** Rechtlicher Rahmen des Compliance Managements

### 6.1.3.2 Compliance-konforme Bewertung von Angeboten und Vergabeauswahl

In einem engem Zusammenhang mit Vergabeentscheidungen für öffentliche Institutionen oder Unternehmen, für die die gleichen rechtlichen Vorschriften gelten, steht eine Compliance-konforme Bewertung der eingegangenen Angebote. Als objektive Kriterien von rechtlicher Seite wurden bereits die Allgemeinen Grundsätze des Vergaberechts (§97 GWB V) erwähnt, die zwingend bei der Ausschreibung und Vergabe zu berücksichtigen sind.

Weiterhin hat eine qualitativ und quantitativ fundierte Bewertung von Angeboten neben den gesetzlichen Kriterien auch auf unternehmerischer Seite zu erfolgen. Diese umfasst sowohl eine Konstruktionsbewertung als auch eine Bewertung der Lieferanten.

Beispiele Compliance-konformer Kriterien bezüglich der Konstruktionsbewertung sind:

- Gesamtkosten des Investitionsgutes
- Betriebsdauer der Prototypen
- Materialverwendung
- Korrosionsschutz
- Logistikkonzept
- Ersatzteilmanagement
- Wartungs- und Reparaturkonzept

Beispiele Compliance-konformer Kriterien bei der Bewertung von Lieferanten sind:

- Referenzen und Erfahrungen mit speziellen landschaftlichen Gegebenheiten und technischer Umsetzbarkeit
- Qualifikation zur Gesamtlieferung der Anlage

## 6.1 Compliance Management im Investitionsgütereinkauf

- Verfügbare Kapazitäten zur Lieferung des gesamten Auftrags und möglicher Folgeaufträge
- Erweiterungen der Investition

Bei den vergaberechtlichen Aspekten stehen eher der Prozess zur Ausschreibung, eine objektive Bewertung der angebotenen Qualität durch die Lieferanten und Kriterien für die letztendliche Entscheidung im Mittelpunkt der Betrachtung. Das Ziel der Angebotsbewertung sollte darüber hinaus darin bestehen, monetäre Leistungen von Entscheidungsträgern und insbesondere den Einkauf besser abschätzen und vergleichen zu können, um eine Grundlage für ein adäquates Projektcontrolling für den Investitionsgütereinkauf zu schaffen. Schwierigkeiten bei einer objektiven Bewertung der eingegangenen Angebote können durch unterschiedliche Faktoren auftreten. Generell kann opportunistisches Verhalten von Entscheidungsbefugten und anderen Einflussgruppen die Objektivität von Angebotsbewertungen stark beeinflussen, da diese häufig ihre persönlichen Interessen verfolgen, anstatt im Wohle des Unternehmens zu entscheiden. Ein Beispiel hierfür ist der Einfluss von Technikern und Ingenieuren, die im Regelfall über einen Wissensvorsprung in Bezug auf die Anlage gegenüber dem Einkauf verfügen. Insbesondere bei technisch anspruchsvollen Investitionen, wie beispielsweise Windkraftanlagen, sollte ein gewisses Niveau an Expertenwissen bei Verantwortlichen im Einkauf vorhanden sein. Somit entsteht die Möglichkeit, Empfehlungen und getroffene Entscheidungen von Technikern sowohl qualitativ als auch monetär kritisch evaluieren zu können. Ein möglicher Einfluss von Bestechung oder Absprachen bei der Auftragserteilung kann somit leichter nachgewiesen werden.

Unabhängig von opportunistischem Verhalten gibt es eine Vielzahl an weiteren Einflussfaktoren, welche eine Bewertung der auftretenden Kosten, insbesondere der Folgekosten, kompliziert gestalten können. Dazu zählen beispielsweise bei der Windkraftanlage standortbedingte Umwelteinflüsse (z. B. Korrosion durch salzige Luft in Meeresnähe), Transportkosten bei der Errichtung der Anlagen oder lange Wiederbeschaffungsperioden, die nur eine eingeschränkte Vergleichbarkeit von historischen Preisen mit aktuellen Marktpreisen zulassen. Einer dieser Faktoren sind Restriktionen und Abhängigkeiten bei der Entscheidung für oder gegen ein Bauteil bzw. eine Dienstleistung eines bestimmten Lieferanten, die es zu berücksichtigen gilt. Hier sind insbesondere die mit einer Entscheidung zusammenhängenden Folgekosten objektiv bei der Auswahl und Vergabe von Projekten zu identifizieren und zu bewerten. Diese entstehen durch Bauteile, welche aufgrund einer vorangegangenen Entscheidung nur noch bei einer eingeschränkten Anzahl von Lieferanten beschafft werden können sowie durch den zu erwartenden Wartungs- und Instandsetzungsaufwand.

Anhand eines Windkraftanlagebeispiels lassen sich Abhängigkeiten und Restriktionen durch Entscheidungen bezüglich einzelner Bauteile anschaulich darstellen. In fast allen Fällen wird die gesamte Anlage von nur einem einzigen Anbieter bezogen. Somit bestimmt beispielsweise die Entscheidung für ein spezielles Getriebe nahezu sämtliche Folgeentscheidungen und -kosten vom Fundament des Objekts bis hin zum Rotorblatt. Darüber hinaus werden Kosten für Wartungen und andere

Dienstleistungen determiniert, die nach dem eigentlichen Beschaffungszeitpunkt anfallen.[11]

Dokumentierte und transparente Regelungen für eine Bewertung der Angebote und des Auswahlprozesses sowie die Festlegung von Berechnungsmethoden der anschließenden Einsparungsbemessung sind aus den beschriebenen Gründen unabdingbar und sollten im Zuge eines Compliance Managements vor Projektbeginn festgelegt werden. Darüber hinaus ist eine enge Einbeziehung des Einkaufs vom Beginn des Vorhabens an über alle Prozessschritte hinweg zu gewährleisten. Nur so ist es möglich, opportunistischem Verhalten von Einkäufern oder anderen entscheidungsbefugten Akteuren im Auswahlprozess frühzeitig entgegenzuwirken und die eigentliche Einkaufs- und Verhandlungsleistung objektiv bewerten und kontrollieren zu können.

### 6.1.3.3 Organisationsstruktur und Kommunikation im Rahmen des Dokumentenmanagements

Die Bedeutung der Dokumentation von festgelegten Regelungen und Standards wurde mit den Beispielen zur Einhaltung von Rechtsvorschriften, Anbieterauswahl und Vergabeentscheidungen sowie der objektiven Bemessung von Einsparungen veranschaulicht. Neben der Durchsetzung und Beibehaltung notwendiger Standards durch eine klare Kommunikations- und Organisationsstruktur ist die Erfassung und Dokumentation sämtlicher Vorgänge, Entscheidungen und Entscheidungskriterien in Teilprojekten von Relevanz für das Compliance Management.[12] Insbesondere im Falle der Einbeziehung und Interaktion mehrerer Organisationen ist ein Dokumenten-Management-System (DMS) erforderlich.[13]

Wird ein Investitionsvorhaben von einem einzelnen Unternehmen durchgeführt, so sind sowohl Informations- als auch Kommunikationssysteme und -wege durch die Organisationsstruktur und das operative Geschäft bekannt und bereits etabliert. Jedoch zeigt sich die Notwendigkeit Informations- und Kommunikationssysteme zu definieren, besonders wenn umfangreiche Investitionsvorhaben betrachtet werden, an denen mehrere Organisationen beteiligt sind. Partizipieren zwei oder mehr Parteien an einer Investition, so treffen in diesem Kooperationsumfeld auch verschiedene Kommunikations- und Informationssysteme aufeinander. Durch die Festlegung und schriftliche Manifestierung der Systeme und Kommunikationswege wird dem Ziel der Risikominimierung im Investitionsgütereinkauf Rechnung getragen.

Bei der Errichtung von Windkraftanlagen müssen in der Regel sowohl mehrere Investitionsträger als auch Leistungserbringer in sämtliche Teilprojekte einbezogen und über etwaige Entscheidungen informiert werden. Aus diesem Grund

---

[11] Diese zusätzlich anfallenden Folgekosten werden in Abschn. 7.1 detailliert betrachtet.
[12] Vgl. Hinrichs (2003), S. 3.
[13] Vgl. Staab (2002), S. 194.

ist aus Transparenzgründen zu Projektbeginn eine Übersicht der relevanten Vorgänge, welche direkt durch die Beschaffung von Investitionsgütern betroffen sind oder diese tangieren, zu erstellen. Basierend auf der Strukturierung der Teilprozesse umfasst die Umsetzung des Compliance Managements im Gesamtprozess die Vorgabe eines internen sowie externen Regelwerkes sowie die Definition eines internen sowie externen Informationssystems bzw. Kommunikationskonzeptes. Ein DMS ermöglicht hierbei einen ständigen Abgleich der Daten, da den beteiligten Organisationen ein ständiger Zugang zu den aktuellen Dokumenten ermöglicht wird.

Zur beispielhaften Erläuterung dieses Sachverhalts dient die Errichtung eines Umspannwerkes inklusive eines Helikopterlandeplatzes im Zuge der Errichtung eines Windparks. Da der Helikopterlandeplatz nicht vom Anbieter, der in diesem Falle das eigentliche Umspannwerk erstellt, angeboten wird, müssen beide Unternehmen stets über etwaige Entscheidungen und technische Veränderungen im Projekt informiert werden. So sind aufgrund der Errichtung eines Helikopterlandeplatzes beispielsweise technische Strukturen des Umspannwerkes anzupassen. Mit Hilfe eines DMS sowie eindeutig definierter Prozess- und Kommunikationsstrukturen haben beide Parteien ständig Zugang zu den aktuellsten Plänen. Somit lässt sich der Abstimmungsaufwand reduzieren.

Ein weiterer Vorteil einer solchen Compliance-konformen Projekt-Dokumentation durch ein DMS ist die Revisionssicherheit, da Änderungen in Dokumenten dadurch jederzeit lückenlos nachvollziehbar sind. Somit wird nicht nur aus struktureller und organisatorischer, sondern auch aus rechtlicher Sicht den Anforderungen des Compliance Managements Rechnung getragen.

### *6.1.4 Fazit zum Compliance Management*

Die Ausführungen dieses Abschnitts haben exemplarisch die vielfältigen Gefahren beim Einkauf von Investitionsgütern anhand der Beschaffung von Windkraftanlagen gezeigt und die Unverzichtbarkeit eines Compliance Managements beim Investitionsgütereinkauf verdeutlicht. Durch die Definition von Kontrollparametern und -strukturen, welche vor Investitionsbeginn festzulegen sind und das Vorhaben in seinen einzelnen Prozessschritten von der Bedarfsermittlung bis hin zur Desinvestition begleiten, werden rechtliche Haftungsrisiken minimiert und ein effektives Controlling des gesamten Investitionsgütereinkaufs ermöglicht.

Um ein Compliance-konformes Reportingsystem, das auch den übergeordneten strategischen Zielen der Gesamtunternehmung Rechnung trägt, zu implementieren, kann es sich anbieten, sich an der Struktur einer Balanced Scorecard[14] zu orientieren und diese anhand der Anforderungen der verschiedenen Teilprozesse für den Investitionsgütereinkauf herunter zu brechen. Des Weiteren sollte geprüft werden,

---

[14] Vgl. Wagner / Kaufmann (2004), S. 269.

ob eine professionelle Unterstützung der Compliance-Funktion durch Beratungen sinnvoll ist.

## 6.2 Savings-Messung beim Investitionsgütereinkauf

### 6.2.1 Einführung in die Savings-Messung

Die Komplexität der Beschaffungsmärkte steigt stetig durch den Trend zur Globalisierung, zunehmenden Kostendruck, sinkende Wertschöpfungstiefe sowie durch neue Technologien und verkürzte Produktlebenszyklen. Hierdurch nehmen die strategische Bedeutung des Einkaufs und dessen Einfluss auf das Unternehmensergebnis kontinuierlich zu. Dies bedingt ein effizientes Beschaffungs-Controlling und damit eine kontinuierliche Leistungsmessung, da eine effektive Steuerung der Beschaffung, ein kontinuierlicher Verbesserungsprozess sowie die Sicherung eines positiven Einkaufsergebnisses nur mit einem funktionierenden Beschaffungs-Controlling möglich sind.[15]

Probleme der Erfolgsmessung in Beschaffung und Einkauf liegen in abweichenden Definitionen der Einkaufsperformance, der genauen Definition von Einkaufszielen und -strategien und einer detaillierten Messung hinsichtlich des unternehmenstypischen Aufgabenumfangs des Beschaffungsbereiches. Folglich sind die unternehmensindividuelle Gestaltung des Leistungskonzeptes sowie die Verbindung von qualitativen und quantitativen Elementen im Rahmen des Beschaffungs-Controllings unabdingbar. Dies sichert eine mehrdimensionale Zielsteuerung des Einkaufs.[16]

Traditionelle Performance Measurement-Methoden werden kritisiert, da diese Systeme stark an der Vergangenheit orientiert und eher auf kurze Sicht ausgelegt sind, wodurch sie unter Umständen inadäquate Anreize setzen und zu langfristig ineffizientem Verhalten führen. Des Weiteren sind diese selten ganzheitlich ausgerichtet und häufig ungenügend untereinander abgestimmt. Als Konsequenz wurden Methoden entwickelt, die finanzielle und nicht-finanzielle Aspekte gleichermaßen berücksichtigen. Hieraus entstand unter anderem die Balanced Scorecard,[17] welche die Aktivitäten eines Unternehmens hinsichtlich Vision und Strategie misst, dokumentiert und steuert. Eine weitere Methode ist die Performance Pyramide.[18] Hierbei werden die Strategieorientierung eines Unternehmens und dessen Einheiten messbar gemacht, indem finanzielle und nicht-finanzielle Kennzahlen gleichzeitig verwendet werden. In den letzen Jahren wurde die Forschung des Performance

---

[15] Vgl. Reinisch et al. (2008), S. 609.
[16] Vgl. Reinisch et al. (2008), S. 610.
[17] Vgl. Stölzle / Heusler / Karrer (2001), S. 73 ff.; Kaplan / Norton (1992), S. 71; Brewer / Speh (2000), S. 75 ff.
[18] Vgl. Lynch / Cross (1995), S. 63 ff.

## 6.2 Savings-Messung beim Investitionsgütereinkauf

Measurements zudem auf funktionale Ansätze, wie z. B. Marketing, Forschung und Entwicklung sowie den Einkauf und das Supply Chain Management, ausgeweitet.[19]

Der Investitionsgütereinkauf weist im Vergleich zu den weiteren Hauptgruppen der Beschaffung zahlreiche Besonderheiten auf, die Schwierigkeiten bei der Erfolgsmessung nach sich ziehen können. Probleme können durch die starke technische Prägung der Investitionsgüter entstehen, die eine Entscheidung verlangen, die nicht nur die Kosten in Betracht zieht, sondern auch z. b. Leistungs- und Verbrauchszahlen, eine reparaturgerechte Konstruktion sowie die Ersatzteilversorgung. Da der Kaufpreis bei Investitionsgütern meist lediglich 30 bis 50% der gesamten Lebenszykluskosten beträgt, müssen mögliche Folgekosten bei der Erfolgsmessung berücksichtigt werden. Zudem erhöhen häufig bedingte Entscheidungen und deren Komplexität die Schwierigkeit der Erfolgsmessung. Eine unregelmäßige Beschaffung der Investitionsgüter hat mitunter zur Folge, dass ein Vergleich alter und neuer Preise nur bedingt möglich ist.[20]

Interdependenzen der Savings-Messung bei Investitionsgütern zu den weiteren in diesem Buch behandelten Themen bestehen u.a. in Bezug auf das Performance Contracting (Abschn. 7.4). Bei Performance Contracting-Lösungen wird der gesamte Lebenszyklus unter Einbeziehung von spezialisierten Dienstleistern betrachtet, wodurch ein Vergleich der Angebote und damit der Einkaufsperformance erschwert wird. Zudem handelt es sich um einmalige oder seltene Anschaffungen. Größtenteils bestehen langfristige Rahmenverträge, die den Aufbau und die Nutzung von Synergien zulassen. Dies ist jedoch wiederum schwer in finanziellen Größen zu erfassen. Durch zahlreiche Variationen von Betreibermodellen, u.a. bezüglich Risikoübernahme, Leistungsumfang sowie Flexibilität, wird die Vergleichbarkeit zusätzlich eingeschränkt und die Erfassung in monetären Angaben erschwert.[21]

Aus theoretischer Sicht sollte die Savings-Messung mit Abschluss der Desinvestition durchgeführt werden, da erst zu diesem Zeitpunkt Informationen über alle mit dem Investitionsgut verbundenen Zahlungen vorhanden sind. Aus praktischer Sicht ist dies jedoch kaum zweckmäßig, da Investitionsgüter i.d.R. viele Jahre betrieben werden und die Steuerungsfunktion der Savings-Messung dadurch verloren geht. Daher ist es erstrebenswert, die Savings-Messung nach der Abnahme durchzuführen, wenn zumindest die Kosten, die im Zusammenhang mit dem Kauf der Anlage enstanden sind, feststehen. Über die zu diesem Zeitpunkt noch nicht bekannten Folgekosten sind dann entsprechende Annahmen zu treffen. Von den Querschnittsaktivitäten betrifft die Savings-Messung vor allem das Projekt-Management, da die Savings-Messung Auswirkungen auf das Budget von Nachfolgeinvestitionen haben kann (Abb. 6.3).

Die notwendigen Ressourcen und Fähigkeiten für ein erfolgreiches Performance Measurement-System werden in fünf Gruppen untergliedert: Personen,

---

[19] Vgl. Hartmann et al. (2007), S. 130 f.
[20] Vgl. Arnolds et al. (2010), S. 425 ff.
[21] Vgl. Wünsche (2007), S. 309 ff.

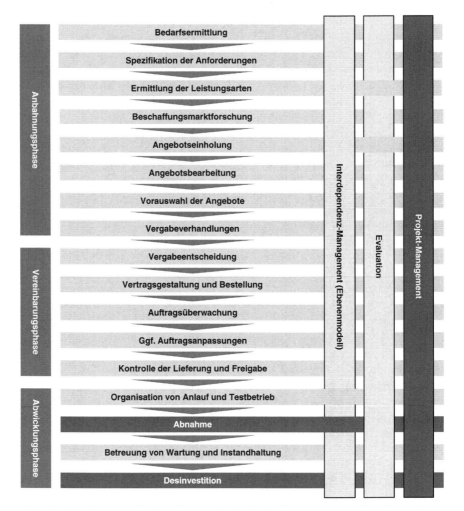

**Abb. 6.3** Einordnung der Savings-Messung in den Beschaffungsprozess von Investitionsgütern

Prozesse, Daten, Software und Hardware. Zu den Personen zählen Gesamtverantwortliche für das Performance Measurement-System, Mitarbeiter, die für den Aufbau und die Betreuung des Performance Measurement-Systems zuständig sind sowie Datenlieferanten und Nutzer. Bedeutende Prozesse im Rahmen des Performance Measurements sind die Definition von Indikatoren, sowie die Organisation des Datenmanagements und der Datenverwendung (Abschn. 6.1). Für ein Performance Measurement-System werden alle leistungsrelevanten Daten benötigt, die Zielwerte der Indikatoren (Sollwerte), ebenso wie Performance-Resultate und Metadaten zur Beschreibung der Indikatoren. Zudem wird eine Software für die Datenbank benötigt, mit deren Hilfe Daten extrahiert, transformiert und geladen werden sowie Präsentations- und Kommunikations-Software. Wichtige Hardware sind PC, Server und eine intakte Kommunikationsinfrastruktur.[22]

## 6.2.2 Einordnung der Savings-Messung in das Performance Measurement

Performance Measurement ist definiert als „Aufbau und Einsatz meist mehrerer quantifizierbarer Maßgrößen verschiedenster Dimensionen (z. B. Kosten, Zeit, Qualität, Innovationsfähigkeit, Kundenzufriedenheit) [...], die zur Beurteilung der Effektivität und Effizienz der Leistung und Leistungspotenziale unterschiedlichster Objekte im Unternehmen (Organisationseinheiten unterschiedlichster Größe, Mitarbeiter, Prozesse) herangezogen werden."[23]

Performance Measurement-Systeme stellen eine Weiterentwicklung der traditionellen Kennzahlensysteme dar. Durch die zunehmende Unzufriedenheit des Managements mit den bestehenden Systemen wurden neuere Methoden entwickelt, die verstärkt die Ganzheitlichkeit und Zukunftsorientierung betonen.[24] Im Vergleich zu Performance Measurement-Systemen sind traditionelle Kennzahlensysteme vor allem monetär ausgerichtet und damit vergangenheitsorientiert. Sie sind nur begrenzt flexibel, da lediglich ein einzelnes System besteht, welches sowohl interne als auch externe Interessen abdecken soll. Primär wird überprüft, inwieweit finanzielle Ziele erreicht wurden. Hier besteht eine vertikale Berichtsstruktur, d.h. der Informationsaustausch findet entsprechend der Unternehmenshierarchie statt. Traditionelle Kennzahlensysteme sind stark fragmentiert, was bedeutet, dass Kosten, Output und Qualität isoliert betrachtet werden. Der Fokus liegt auf einer Kostenreduktion. Im Vergleich dazu sind Performance Measurement-Systeme auf den Kunden ausgerichtet und damit zukunftsorientiert. Performance Measurement-Systeme weisen eine hohe Flexibilität auf. Da der Strategieumsetzungsgrad überprüft wird, werden Impulse für zukünftige Verbesserungen der Prozesse gegeben. Zudem besteht sowohl eine vertikale als auch horizontale Berichtsstruktur, d.h. entsprechend der Hierarchie und innerhalb der jeweiligen Unternehmensebene. Leistungsanreize in Performance Measurement-Systemen sind team- oder gruppenbezogen.[25]

In der Beschaffung nimmt sowohl die Komplexität zu als auch die Notwendigkeit, den Wertbeitrag der Unternehmensfunktion ganzheitlich zu messen und zu steuern. Dies erfordert eine Verknüpfung von allgemeinen Performance Measurement-Systemen und Ansätzen aus dem Einkauf und Beschaffungsmanagement zu einem „Supply Performance Measurement".[26]

---

[22] Vgl. Küng / Wettstein (2001), S. 1 ff.
[23] Gleich (1997), S. 115.
[24] Vgl. Entchelmeier (2008), S. 38.
[25] Vgl. Lynch / Cross (1995), S. 38.
[26] Vgl. Entchelmeier (2008), S. 54.

Unter Supply Performance Measurement versteht man „die Umsetzung der Effizienz und der Effektivität des Supply Managements in finanzielle und nichtfinanzielle Zielsetzungen und Maßgrößen über alle Leistungsebenen unter Integration sowohl zukunfts- als auch vergangenheitsbezogener Steuerungsinformationen."[27] Das Supply Performance Measurement hat demnach drei wesentliche Kerncharakteristika[28]:

- Die Kennzahlen sollten an der Beschaffungsstrategie orientiert sein.
- Die Kennzahlen sind mehrdimensional, um eine ganzheitliche Abdeckung der Leistungserstellung zu gewährleisten.
- Die Einführung der Supply Performance Measurement-Systeme erfolgt auf allen Leistungsebenen des Beschaffungsmanagements, wie z. B. Einkäufer-, Warengruppen-, Zentraleinkaufs- und Lieferantenebene.

Über viele Jahre wurde in die Entwicklung und Nutzung von Verfahren investiert, die helfen, die Leistung abzuschätzen, Strategien zu entwickeln und leistungsabhängige Entlohnung zu ermöglichen. Da das Beschaffungsmanagement im Unternehmen zunehmend mehr Transparenz und strategische Bedeutung aufweist, ist die Nachfrage nach Verfahren, welche diese neue Funktion widerspiegeln, gestiegen. Einkäufer müssen regelmäßig den Beitrag der Beschaffung zu den strategischen Zielen des Unternehmens berichten. Dies wiederum führt zur Nachfrage nach zuverlässigen Methoden, die diesen strategischen Beitrag reflektieren. Die Savings-Messung stellt eine Methode dar, die den Kriterien der Mehrdimensionalität, Strategieorientierung und Leistungsebenen übergreifenden Ausgestaltung entspricht.[29]

Die Savings-Messung wird den kostenbasierten Methoden des Supply Performance Measurements zugeordnet. Die monetäre Leistung der Beschaffung mit Savings-Kennzahlen kann in zwei grundsätzliche Arten unterschieden werden[30]:

- Der „Erfolg" misst die durch direkte Aktivitäten erzeugte Leistung der Beschaffung.
- Das „Ergebnis" enthält zusätzlich zu dem Erfolg auch alle externen Effekte, beispielsweise die Marktpreisschwankungen. Hierdurch wird die Wirkung der Aktivitäten des Beschaffungsmarktes auf die Unternehmensleistung gezeigt.

Die Einordnung der Savings-Messung in das Controlling zeigt Abb. 6.4. Das Performance Measurement dient im Rahmen des Controllings zur Kontrolle der relevanten Steuerungsinformationen. Das Supply Performance Measurement wiederum bezieht sich auf die Kontrolle der Beschaffungs-Funktion im Unternehmen.

---

[27] Entchelmeier (2008), S. 54.
[28] Vgl. Entchelmeier (2008), S. 186 f.
[29] Vgl. Carter / Monczka (2005), S. 8.
[30] Vgl. Entchelmeier (2008), S. 106.

## 6.2 Savings-Messung beim Investitionsgütereinkauf

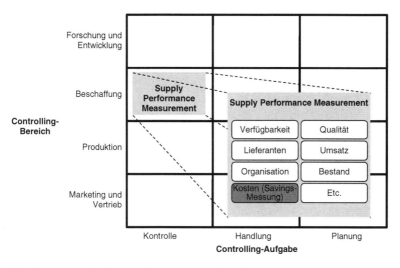

**Abb. 6.4** Einordnung der Savings-Messung in das Controlling

Die Steuerungsinformationen innerhalb des Supply Performance Measurement umfassen z. B. Verfügbarkeit, Qualität, Kosten etc. Von der Savings-Messung wird nun gesprochen, wenn kostenbezogene Größen beim Supply Performance Measurement im Fokus stehen.

Savings, sprich Einsparungen, werden prinzipiell in Hard Savings und Soft Savings unterschieden. Hard Savings sind monetär erfassbare Einsparungen, die direkt den Gewinn beeinflussen, z. B. Preisreduktionen oder reduzierte Personal- und Transaktionskosten, wie z. B. Transportkosten. Soft Savings hingegen sind Einsparungen, die sich eher auf qualitative Kriterien beziehen und nur indirekten Einfluss auf den Gewinn haben. So kann der Kauf von Material mit höherer Qualität eine Reduktion der Nacharbeit ermöglichen.[31] Zur Messung der Hard Savings stehen zahlreiche Verfahren zur Verfügung, allerdings hat sich bisher kein allgemein anerkanntes zur Erfassung und Steuerung von Kennzahlen im Investitionsgütereinkauf herausgebildet.[32]

Aufgrund der hohen technischen Komplexität und dem daher notwendigen Know-how der Arbeitskräfte, sind Anbieter von Investitionsgütern charakterisiert durch einen festen Stamm an Fachkräften sowie verhältnismäßig starren Fertigungskapazitäten, so dass eine gleichmäßige Beschäftigung angestrebt wird. Daher haben Investitionsgütermärkte eine ausgeprägte Konjunkturempfindlichkeit. Bei einem Konjunkturaufschwung kann es demnach zu Verzögerungen der Lieferzeit sowie Preiserhöhungen kommen. In einem Tief dagegen werden Preiszugeständnisse gemacht. Dies erschwert eine Erfolgsmessung des Investitionsgütereinkaufs.

---

[31] Vgl. Reuter / Hartmann (2008), S. 49; Nollet et al. (2008), S. 125.
[32] Vgl. Entchelmeier (2008), S. 77.

Die Beurteilung der Beschaffung von Investitionsgütern wird zusätzlich aufgrund der technischen Komplexität erschwert. Zudem bieten die Hersteller vielfältige zu beziehende Serviceleistungen bei der Planung, Installation und Inbetriebnahme der Güter an. Erschwerend kommt hinzu, dass häufig eine unterschiedliche Preispolitik seitens der Anbieter betrieben wird. So werden Investitionsgüter oft zu einem günstigen Kaufpreis angeboten, während für Ersatzteile und Wartungsarbeiten teilweise Margen im dreistelligen Prozentbereich angesetzt werden. Eine ausreichend hohe Markttransparenz ist nur durch intensive Vorbereitung, Besuch von Spezialmessen und externe Beratung sicherzustellen. Bei Investitionsgütern sind speziell die Folgekosten, die im Zuge der Beschaffung entstehen, wie Planungs-, Nutzungs- und Instandhaltungskosten, zu berücksichtigen. Ebenso sollten Strategien entwickelt werden, um eine hohe Anlagenverfügbarkeit zu gewährleisten.[33] Hier bieten sich Output-orientierte Performance Contracting-Lösungen (Abschn. 7.4) an.

Die Savings-Messung ist gerade bei der Beschaffung von Investitionsgütern von Bedeutung, da der Anteil des Kaufpreises an den Gesamtkosten des Beschaffungsprozesses relativ gering ist und stattdessen ein komplexer und langwieriger Auswahlprozess stattfindet, bei dem neben dem Kaufpreis der Anlage auch die Informationseinholung, Preispolitik und Folgekosten beachtet werden müssen.[34]

## 6.2.3 Verfahren zur Savings-Messung beim Investitionsgütereinkauf

Im Folgenden werden praxisrelevante Verfahren zur Savings-Messung vorgestellt. Jedes dieser Verfahren hat Herausforderungen und spezielle Anwendungsmöglichkeiten, welche jeweils in Bezug auf den Investitionsgütereinkauf erläutert werden.

- Periodenvergleichsverfahren

Die Referenzgröße des Periodenvergleichsverfahrens ist der „historische Preis". Dies ist der letzte notierte Einkaufspreis eines Beschaffungsobjektes, der in der Vorperiode oder einem zuvor festgelegten Zeitraums mehrerer Vorperioden erzielt worden ist. Dieses Verfahren ermittelt die Differenz zwischen dem historischen und dem aktuellen Einkaufspreis. Hierbei ist keine Messung von Neukäufen möglich, da in diesem Fall keine Vorjahresvergleiche durchgeführt werden können und somit auch kein historischer Preis zu ermitteln ist. Zudem unterliegt die Leistungsberechnung beim Periodenvergleichsverfahren auch externen Effekte, welche aus Währungseffekten, Marktpreis- oder Mengenveränderungen entstehen (Abb. 6.5). Diese positiven oder negativen Effekte, auf die der Einkäufer keinen direkten

---

[33] Vgl. Arnolds et al. (2010), 427 f.
[34] Vgl. Entchelmeier (2008), 106 f.

## 6.2 Savings-Messung beim Investitionsgütereinkauf

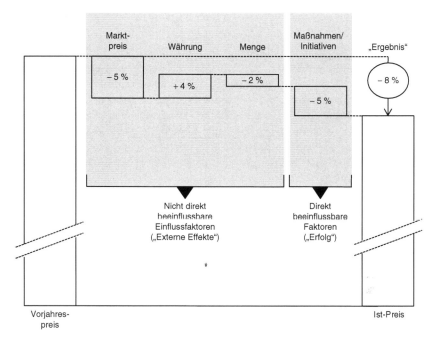

**Abb. 6.5** Einflüsse bei der Berechnung der Savings nach dem Periodenvergleichsverfahren Entchelmeier (2008), S. 79.

Einfluss hat, können das Ergebnis des Periodenvergleichsverfahrens beim Investitionsgütereinkauf verfälschen.[35]

Beim Investitionsgütereinkauf ergeben sich im Rahmen der Erfolgsmessung mithilfe des Periodenvergleichsverfahrens in vielen Fällen Schwierigkeiten, da häufig kein historischer Preis vorhanden ist. Das Verfahren ist daher nur begrenzt einsetzbar, aber dennoch möglich bei Investitionsgütern, die regelmäßig beschafft werden und für die ein historischer Preis vorliegt, wie dies z. B. bei regelmäßig zu beschaffenden Firmenwagen der Fall ist.

In der Praxis existieren zahlreiche Taktiken von Einkäufern, um nach dem Periodenvergleichsverfahren ein für sie günstiges Ergebnis ausweisen zu können. Bei neuen Teilen ist es beispielsweise möglich, zunächst teure Lieferanten aufzuführen und einen hochpreisigen Lieferanten auszuwählen. In den folgenden Jahren werden Lieferanten ausgewählt, die im Vergleich zum Vorjahr leicht preiswerter sind, um wiederholt eine positive Einkaufsleistung im Jahresvergleich vorzutäuschen.[36] Um einem solchen opportunistischen Verhalten entgegenzuwirken, sollte das Unternehmen ein Compliance Management implementieren (Abschn. 6.1).

---

[35] Vgl. Entchelmeier (2008), S. 78 f.; Arnolds et al. (2010), S. 363.
[36] Vgl. Emiliani / Stec / Grasso (2005), S. 152.

- Preisangebotsverfahren

Das Preisangebotsverfahren verwendet bereits eingeholte Offerten als Referenzpreis, die technisch und kommerziell geprüft wurden.[37] Zur Berechnung des Referenzpreises wird in der Praxis häufig der Mittelwert der drei besten Angebote gebildet. Bestehen lediglich drei oder weniger Angebote, so wird der Referenzpreis durch das beste Angebot vorgegeben. Es kann jedoch auch lediglich das später realisierte Angebot als Referenzpreis verwendet werden. Da das Preisangebotsverfahren eine neue Bezugsbasis etabliert, besteht kein Einfluss durch externe Effekte. Historische Preise sind bei diesem Verfahren nicht erforderlich, wodurch die Messung von Neu- und Wiederholungskäufen ermöglicht wird.[38] Allerdings besteht auch bei diesem Verfahren die Gefahr der Manipulierbarkeit, so dass die eigene Leistung besser wirkt. Zur Verbesserung des berechneten Einkaufsergebnisses können bewusst teure Lieferanten in den Angebotsprozess einbezogen werden, wodurch sich der Durchschnittspreis erhöht und folglich ein größeres Saving ausgewiesen werden kann. Außerdem ist zu beachten, dass das erste Angebot der Lieferanten häufig unter Zurückbehaltung einer Verhandlungsmarge abgegeben wird. Das Saving wird dementsprechend häufig zu hoch ausgewiesen.[39]

Herausforderungen des Preisangebotsverfahrens ergeben sich hinsichtlich der Savings-Messung beim Investitionsgütereinkauf dadurch, dass Angebote technisch i.d.R. nur schwer vergleichbar sind oder nur ein Anbieter besteht. Dennoch ist die Anwendung dieses Verfahrens bei vergleichbaren Investitionsgütern, die von mehreren Lieferanten angeboten werden, möglich.

- Zielkostenverfahren

Beim Zielkostenverfahren wird der Preis für ein Produkt bestimmt, indem ermittelt wird, was das Produkt kosten darf, um erfolgreich beim Endkunden zu sein (engl. „Target Costing"). Die Kosten für das Endprodukt können auf die Kosten der zu beschaffenden Güter und Dienstleistungen, die zur Herstellung des Endproduktes notwendig sind, herunter gebrochen werden (Abb. 6.6). Der Referenzpreis ist damit der absatzmarktseitig ermittelte Zielpreis. Die Einsparungen des Einkaufs werden als Differenz zwischen dem Zielpreis und dem verhandelten Beschaffungspreis berechnet.[40]

Beim Zielkostenverfahren ist zu beachten, dass neben dem Kostenziel die Qualitätsanforderungen des Beschaffungsobjektes nicht vernachlässigt werden. Um die Qualitätsanforderungen einhalten zu können, ist zusätzlich die Validität der Zielpreisbildung sicherzustellen. Dies ist zu erreichen, indem der Einkäufer bei der Zielpreisbildung mit eingebunden wird, um einschreiten zu können, sollte der Preis bei der geforderten Qualität nicht erzielbar sein. Die führt meist zu einem

---

[37] Vgl. Rüdrich et al. (2004), S. 82.
[38] Vgl. Arnolds et al. (2010), S. 363 f.; Entchelmeier (2008), S. 79.
[39] Vgl. Entchelmeier (2008), S. 78 ff.; Smeltzer / Manship (2003), S. 29.
[40] Vgl. Entchelmeier (2008), S. 80; Ewert / Ernst (1999), S. 23.

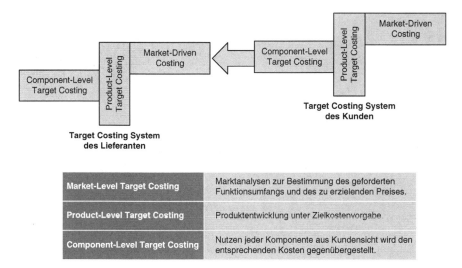

**Abb. 6.6** Verfahren zur Ermittlung der Zielkosten
In Anlehnung an Cooper / Slagmulder (1999), S. 204.

erhöhten Aufwand, wodurch die Zielpreisbildung auf strategische Beschaffungsobjekte beschränkt werden sollte. Eine weitere Schwierigkeit bei der Anwendung dieses Verfahrens in der Praxis ist die Bestimmung des Kostenanteils der einzelnen Güter und Dienstleistungen am Endprodukt. Zur Lösung dieses Problems kann die Wertanalyse[41] dienen. Oftmals wird das Zielkostenverfahren in der Anfangsphase einer Neuentwicklung angewendet. Es kann jedoch auch bei Wiederholungskäufen angewandt werden.[42]

Durch die Anwendung des Zielkostenverfahrens beim Investitionsgütereinkauf entsteht ein relativ hoher Aufwand. Zudem lässt sich der Anteil der Kosten des Investitionsgutes am Endprodukt in vielen Fällen nicht genau ermitteln. Beim Investitionsgütereinkauf kann das Zielkostenverfahren daher nur Anwendung finden, wenn dieser Anteil exakt zu ermitteln ist.

- Marktpreisindexverfahren

Das Marktpreisindexverfahren stellt einen Vergleich des realisierten Einkaufspreises auf Basis von Preisindizes her. Interne Preisindizes werden auf der Grundlage von Preiskatalogen verschiedener Lieferanten selbst erstellt (engl. „catalog approach"). Externe Preisindizes werden durch staatliche oder privatwirtschaftliche, unabhängige Informationslieferanten, z. B. dem Statistischen Bundesamt,

---

[41] Vgl. Miller (1955), S. 123 ff.
[42] Vgl. Smeltzer / Manship (2003), S. 30; Entchelmeier (2008), S. 78 ff.

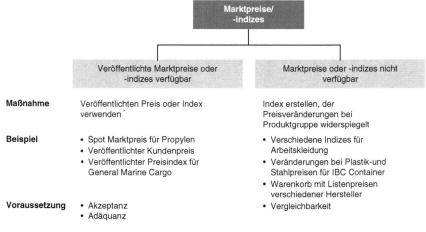

Abb. 6.7 Bestimmung von Marktpreisen und -indizes
In Anlehnung an Buchholz (2002), S. 374.

zur Verfügung gestellt und existieren üblicherweise für standardisierte Güter und Dienstleistungen, wie z. B. Stahl (Abb. 6.7).[43]

Der Vorteil des Marktpreisindexverfahrens ist, dass die Entwicklung des Einkaufspreises relativ zur Entwicklung des Marktindex bewertet wird. Steigen beispielsweise die Preise weniger als der Marktindex, ist eine Verbesserung der Einkaufsleistung auszuweisen. Zudem ermöglicht dieses Verfahren die Messung von Neu- und Wiederholungskäufen und eliminiert, durch die Etablierung einer neuen Bezugsbasis, Einflüsse externer Effekte. Die Schwierigkeit des Verfahrens ist, dass Marktpreisindizes nur für ausgewählte Einkaufsgüter, wie z. B. Rohstoffe, bestehen. Die Generation und Aufbereitung der Indizes kann zudem verhältnismäßig aufwändig sein.[44]

Die Herausforderung beim Investitionsgütereinkauf ist, dass für Investitionsgüter i.d.R. keine Marktindizes vorhanden sind. Für Investitionsgüter kommt daher die Anwendung dieses Verfahrens im Allgemeinen nicht in Frage, sondern eher das im Folgenden vorgestellte Marktpreisanpassungsverfahren.

- Marktpreisanpassungsverfahren

Das Marktpreisanpassungsverfahren stellt eine Kombination aus Periodenvergleichs- und Marktpreisindexverfahren dar. Der Referenzpreis wird hierbei ermittelt, indem der historische Preis um die Entwicklung der Marktpreisindizes der zugrunde liegenden Rohstoffkomponenten des Beschaffungsobjektes angepasst wird. Externe Effekte, wie Marktpreis- und Währungsschwankungen werden durch

---

[43] Vgl. Entchelmeier (2008), S. 82; Smeltzer / Manship (2003), S. 29 ff.
[44] Vgl. Buchholz (2002), S. 374; Entchelmeier (2008), S. 82 f.

6.2 Savings-Messung beim Investitionsgütereinkauf     59

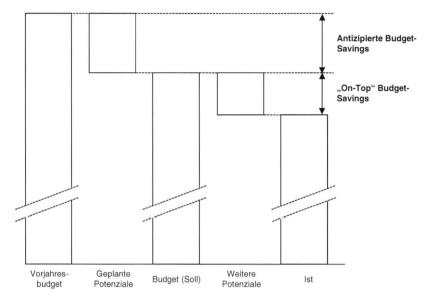

**Abb. 6.8** Exemplarische Darstellung der Budgetsavings Entchelmeier (2008), S. 84.

die Anpassung der Marktpreise teilweise eliminiert. Jedoch ist bei Neukäufen keine Savings-Messung mithilfe des Marktpreisanpassungsverfahrens möglich. Zudem ist die Referenzpreisberechnung sehr aufwändig.[45]

Häufig sind für Investitionsgüter weder ein historischer Preis noch ein Marktpreisindex vorhanden, wodurch sich eine Erfolgsmessung erschwert. Das Marktpreisanpassungsverfahren ist daher lediglich für solche Investitionsgüter anzuwenden, deren Preise stark vom Marktpreisindex abhängen und die regelmäßig beschafft werden. Ein Beispiel hierfür ist die regelmäßige Beschaffung von Rotorblättern für eine Windkraftanlage.

- Budgetverfahren

Für dieses Verfahren werden Planpreise und Planmengen der Beschaffungsobjekte auf der Grundlage des Vorjahresbudgets ermittelt und das Soll-Budget unter Beachtung der geplanten Maßnahmen festgelegt. Abbildung 6.8 verdeutlicht die beiden Savingstypen im Budgetverfahren. Antizipierte Budget-Savings sind Einsparungen aus Potenzialen, die bereits im Rahmen des Planungsprozesses im Budget berücksichtigt wurden und berechnen sich wie folgt:

*Antizipierte Budget-Savings = Referenzpreis − Budgetierter Preis*

---

[45] Vgl. Entchelmeier (2008), S. 78 ff.

"On-Top" Budget-Savings enthalten Einsparungen, die über die geplanten Einsparungen hinaus während der Berichtsperiode erzielt werden konnten.[46] Die Berechnung der "On-Top" Budget-Savings erfolgt wie dargestellt:

$$\text{„On-Top" Budget-Savings} = \text{Budgetierter Preis} - \text{Ist-Preis}$$

Beim Referenzpreis handelt es sich um denjenigen Planpreis für ein bestimmtes Beschaffungsobjekt, der bei der Budgetierung herangezogen werden müsste, wenn der Einkauf keine potenziellen Einsparmöglichkeiten für dieses Beschaffungsobjekt antizipiert hätte. In der Regel dienen hierbei als Referenzpreise die Ergebnisse traditioneller Verfahren zur Messung von Einsparungen. Der budgetierte Preis enthält dagegen bereits antizipierte Einsparungen für das bestimmte Beschaffungsobjekt. Der Ist-Preis ist der tatsächlich erzielte Preis.

Um das Budgetverfahren als Savingsverfahren für Investitionsgüter anwenden zu können, ist es somit erforderlich, dass der Investitionsgütereinkauf in die Budgetierung im Rahmen der Einkaufsplanung einbezogen und eine detaillierte Mengenplanung auf Beschaffungsobjektebene durchgeführt wird. Ferner muss der Einkauf in der Lage sein, geeignete Referenzpreise für die einzelnen Kaufklassen, Neukauf, modifizierter und identischer Wiederholungskauf, zu bestimmen. Da im Budgetverfahren in der Bestimmung der Referenzpreise auf traditionelle Verfahren zur Messung von Einsparungen Bezug genommen wird, ist grundsätzlich anzunehmen, dass für jede Kaufklasse in der Regel mindestens ein geeigneter Referenzpreis vom Einkauf ermittelt werden kann.

Aufgrund der Gegebenheit, dass mit dem Budgetverfahren bereits im Rahmen der Einkaufsplanung und der damit einhergehenden Budgetierung Einsparungspotenziale abgebildet werden, ist grundsätzlich nachvollziehbar, ob diese auch tatsächlich vom Einkauf realisiert wurden. Darüber hinaus lassen sich ungeplante Einsparungen, die unterjährig über die geplanten Einsparungen hinaus erzielt werden konnten, abbilden, was eine ganzheitliche, zukunftsorientierte Leistungsbeurteilung des Einkaufs ermöglicht.[47]

- Wertanalytischer Ansatz

Beim wertanalytischen Ansatz wird ein Investitionsgut in seine Komponenten zerlegt und die einzelnen Bestandteile anhand verschiedener Referenzgrößen bewertet. Die Referenzpreise werden auf Basis von historischen Preisen oder, falls diese nicht vorhanden sind, über Budgetpreise bzw. Budgetpreise abzüglich antizipierter Savings ermittelt. In Bezug auf historische Preise existieren zwei Anpassungsmöglichkeiten. Sind Marktindizes für die zu beschaffende Komponente verfügbar und sinnvoll in der Anwendung, werden die historischen Preise um die Entwicklung dieser Indizes angepasst. Bei geringer Vergleichbarkeit der in der Vergangenheit

---

[46] Vgl. Quitt / Henke / Gleich (2010), S. 67 f.
[47] Vgl. Quitt / Henke / Gleich (2010), S. 76 ff.

## 6.2 Savings-Messung beim Investitionsgütereinkauf

beschafften Komponente wird ein Sicherheitszuschlag einkalkuliert. Schließlich werden die gesamten Savings ermittelt und die Anteile der verwendeten Referenzpreise ausgewiesen.

Dieses Verfahren ist in sehr vielen Fällen anwendbar, da unterschiedlich Referenzpreise kombiniert werden. Allerdings ist die Durchführung dieses Verfahrens mit einem sehr hohen Aufwand verbunden. Anwendung findet dieses Verfahren häufig im Anlagenbau.

In der Praxis werden zahlreiche weitere Verfahren zur Savings-Messung beim Investitionsgütereinkauf angewandt. Drei dieser Verfahren sind im Anschluss dargestellt.

- Die Referenzgröße des Marktvergleichsverfahrens ist ein durchschnittlicher Katalogpreis. Herausforderungen für die Erfolgsmessung des Investitionsgütereinkaufs ergeben sich demzufolge, dass die Preise für Investitionsgüter nur selten in Katalogen verzeichnet sind. Jedoch ist es trotzdem möglich den Marktvergleich bei Investitionsgütern anzuwenden, die in Katalogen aufgeführt sind.
- Das Verfahren der Kostenvermeidung ermittelt die Beschaffungsleistung mithilfe der tatsächlichen Kosten zuzüglich der vermiedenen Kosten. Vermiedene Kosten können erreicht werden, indem ein Teil zu einem geringeren Preis gekauft wird als sein Durchschnittspreis. Dabei spielt es keine Rolle, ob der neue Preis höher ist als der bisherige.[48] Eine Kostenvermeidung kann beispielsweise entstehen, wenn der Lieferant eine Preiserhöhung ankündigt, die jedoch vom Einkauf abgewehrt werden kann.[49] Hier ist zu beachten, dass die vermiedenen Kosten nur sehr schwer zu ermitteln sind. Daher lässt sich das Verfahren der Kostenvermeidung nur bei Investitionsgütern anwenden, deren vermiedene Kosten ermittelt werden können.
- Die Referenzgröße des Verfahrens der Gesamtkosten sind die Gesamtkosten der Beschaffung zuzüglich der laufenden Kosten, z. B. für die Wartung (engl. „Total Cost of Ownership"). Dieses Verfahren lässt sich mit anderen Verfahren der Savings-Messung kombinieren, allerdings treten dabei auch die mit dem jeweiligen Verfahren vorhandenen Probleme auf. Es ist empfehlenswert, dieses Verfahren bei Investitionsgütern anzuwenden, deren laufende Kosten einen hohen Anteil der Gesamtkosten ausmachen.

Wie gezeigt wurde, kann die Erfolgsmessung des Einkaufs beim Investitionsgütereinkauf anhand unterschiedlichster Verfahren erfolgen. Tabelle 6.1 stellt eine Zusammenfassung der bereits dargestellten Verfahren, den Eigenschaften sowie Besonderheiten in Bezug auf die Erfolgsmessung beim Einkauf von Investitionsgütern.

---

[48] Vgl. Carter / Monczka (1978), S. 28.
[49] Vgl. Sievers (2010), S. 31.

**Tabelle 6.1** Herausforderungen und Anwendungsgebiete der Verfahren zur Savings-Messung beim Investitionsgütereinkauf

| Verfahren | Referenzgröße | Herausforderungen beim Investitionsgütereinkauf | Mögliche Anwendung beim Investitionsgütereinkauf |
|---|---|---|---|
| Periodenvergleichsverfahren | Historischer Preis (Preis der Vorperiode bzw. letzter notierter Preis) | Häufig kein historischer Preis vorhanden | Investitionsgüter, die regelmäßig beschafft werden und bei denen ein historischer Preis vorhanden ist |
| Preisangebotsverfahren | Durchschnitt der n besten kommerziell und technisch-geprüften Angebote | Häufig sind die Angebote technisch nur schwer zu vergleichen oder es gibt nur einen Anbieter | Technisch vergleichbare Investitionsgüter, die von mehreren Lieferanten angeboten werden |
| Zielkostenverfahren | Zielkosten (Target Price) | Hoher Aufwand in der Durchführung | Anteil der Kosten des Investitionsgutes am Endprodukt lässt sich exakt ermitteln |
| Marktpreisindexverfahren | Marktpreisindex | Häufig kein Marktpreisindex für Investitionsgüter vorhanden | Investitionsgüter, deren Preise stark vom Marktpreisindex abhängen |
| Marktpreisanpassungsverfahren | Historischer Preis, der um die Entwicklung der Marktpreisindizes der zugrundeliegenden Rohstoffe angepasst wurde | Häufig kein historischer Preis und kein Marktpreisindex für Investitionsgüter vorhanden | Investitionsgüter, deren Preise stark vom Marktpreisindex abhängen und regelmäßig beschafft werden |
| Budgetverfahren | Budget (Soll) = Planpreis x Planmenge | Budgetfestlegung erfolgt unabhängig von den tatsächlichen Kosten | Ausreichend großer Erfahrungsschatz mit den Preisen des Investitionsgutes vorhanden |
| Wertanalytischer Ansatz | Historische Preise und Budgetpreise | Die Durchführung des Verfahrens ist mit einem hohen Aufwand verbunden | Investitionsgüter, die in Komponenten zerlegt werden können, für die entweder historische Preise oder Erfahrungswerte vorhanden sind |
| Marktvergleichsverfahren | Durchschnittlicher Katalogpreis | Preise für Investitionsgüter werden nur selten in Katalogen geführt | Investitionsgüter, die in Katalogen aufgeführt sind |
| Kostenvermeidungsverfahren | Tatsächliche Kosten zzgl. der vermiedenen Kosten | Ermittlung der vermiedenen Kosten des Investitionsgutes ist schwierig | Ermittlung der vermiedenen Kosten des Investitionsgutes möglich |
| Gesamtkostenverfahren | Gesamtkosten der Beschaffung zzgl. laufender Kosten (z.B. Wartung) | Problem der Savings-Messung beim Kaufpreis des Investitionsgutes bleibt bestehen | Hoher Anteil der laufenden Kosten des Investitionsgutes |

## 6.2.4 Prozess zur Savings-Messung beim Investitionsgütereinkauf

Ein idealtypischer Prozess der Savings-Messung im Investitionsgütereinkauf umfasst mehrere Schritte (Abb. 6.9). Zu Beginn wird das zu messende Beschaffungsobjekt definiert. Anschließend werden die zur Auswahl des Verfahrens zur Savings-Messung relevanten Umweltzustände ermittelt. Dies können z. B. Charakteristika des Beschaffungsprozesses, des Investitionsgutes, Strategien der Beschaffungsorganisation, Unternehmensstrategie und vorhandenes Know-how sein. Unter Berücksichtigung der Eignung der Kennzahl (Kommunikations- und Steuerungsfunktion, Kontroll- und Überwachungsfunktion etc.) und des Aufwandes zur Ermittlung der Kennzahl, wird das geeignetste Verfahren ausgewählt und im nächsten Schritt angewendet. Anschließend werden Maßnahmen aus der Savings-Messung abgeleitet (z. B. Budgetanpassungen, Integration der Ergebnisse in Anreizsysteme etc.) sowie das Resultat der Erfolgsmessung kommuniziert. Diese Kommunikation kann dabei mithilfe einer Savings-Guideline stattfinden.[50]

---

[50] Vgl. Reuter / Hartmann (2008), S. 48 ff.

## 6.2 Savings-Messung beim Investitionsgütereinkauf

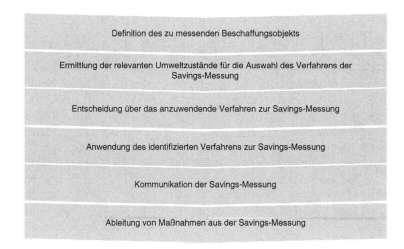

**Abb. 6.9** Schematischer Prozess der Savings-Messung im Investitionsgütereinkauf

In Unternehmen bestehen unterschiedliche Methoden, den Einkaufserfolg zu messen und zu kommunizieren. Jedoch gibt es bei Einkaufskennzahlen keine gemeinsame „Sprache" innerhalb des Unternehmens, wodurch Misstrauen gegen die präsentierten Erfolgszahlen des Einkaufs entstehen könnte. Um einem solchen Misstrauen entgegenzuwirken, bietet sich die Ausarbeitung und Etablierung einer Savings-Guideline an.

Bei der Formulierung einer Savings-Guideline sind einige Punkte besonders zu beachten. So sind Begriffe und Methoden zunächst schriftlich festzuhalten, damit die Nachvollziehbarkeit gewährleistet ist. Neben den verwendeten Bezugsgrößen werden weiterhin die Erwartungen an den Einkauf fixiert. Welche Erfolgsgrößen für die Savings-Messung verwendet werden und wie diese zu ermitteln sind, wird ebenfalls schriftlich dokumentiert. Es können beispielsweise reine Kostenreduktionen oder zusätzlich die Prozesse, die zu diesen Kostenreduktionen führen, für die Bewertung und Kontrolle ausgewählt werden. Durch die Einbeziehung vieler Akteure bei der Savings-Messung lässt sich die Akzeptanz für das Verfahren und das Kennzahlenverständnis steigern. Dies birgt allerdings die Gefahr einer langatmigen Entscheidungsfindung. Für die Akzeptanz ist ferner der Einsatz von einfachen und gut verständlichen Kennzahlen von Vorteil. Nicht-Einkäufern sollte das Verständnis durch anschauliche grafische Darstellungen erleichtert werden. Die Savings-Guideline sollte zu Beginn die angestrebten Hard Savings ausweisen und auf das Wesentliche fokussiert sein. Von großer Bedeutung ist zudem die zielgruppengerechte Selektion, Aufbereitung und Kommunikation der gesammelten Informationen, die für die Performance-Messung des Einkaufs von Bedeutung sind.[51] Die Anwendung dieses Leitfadens ermöglicht eine zielgerichtete Anwendung der Savings-Messung sowie eine konsequente Nutzung der daraus gewonnenen Informationen.

---

[51] Vgl. Reuter / Hartmann (2008), S. 48 ff.

### 6.2.5 Fallbeispiel: Savings-Messung bei der Beschaffung einer Windkraftanlage

Der Prozess der Savings-Messung bei Investitionsgütern soll im Folgenden anhand der Beschaffung einer Windkraftanlage verdeutlicht werden. Im ersten Schritt wird die Windkraftanlage inklusive Wartungs- und Instandhaltungsleistungen definiert. Hierbei ist zu beachten, welche standortbedingten Besonderheiten entstehen, z. B. Kosten für speziellen Korrosionsschutz von Offshore-Anlagen oder Maßnahmen gegen Eisbildung, wie beispielsweise eine Rotorblattheizung sowie spezielle Anforderungen an die Schwertransport- und Autokran-Dienstleister bezüglich der Errichtung der Windkraftanlage. Im Anschluss erfolgt die Analyse der relevanten Umweltzustände. Hierbei ist im Fall der Windkraftanlage zu beachten, dass weder Katalogpreise noch Marktpreisindizes bestehen. Windkraftanlagen sind langfristige Investitionen, die kontinuierlich technisch weiterentwickelt werden. Dadurch sind Preisvergleiche nicht realistisch und historische Preise ungeeignet. Zusätzlich sind die Anlagen durch verschiedenartige Ausstattungen sowie unterschiedliche Leistungsangebote, insbesondere der Wartungs- und Instandhaltungsleistungen, schwer zu vergleichen. Als anzuwendendes Verfahren bietet sich bei der Erfolgsmessung der Beschaffung einer Windkraftanlage das Preisangebotsverfahren unter Berücksichtigung der Lebenszykluskosten an, da hierbei die Messung von Neu- und Wiederholungskäufen ermöglicht wird. Es besteht keine Notwendigkeit von historischen Preisen und zusätzlich werden externe Effekte ausgeblendet. In dem in Abb. 6.10 dargestellten Beispiel werden die Savings auf Basis des Mittelwertes der Gesamtkosten der fünf besten Angebote ermittelt, die vorab einer Qualitätsprüfung unterzogen wurden. Es ist zu empfehlen nach der Anwendung des Preisangebotsverfahrens zur Erfolgsmessung die Savings-Messung an die involvierten Abteilungen sowie die Führungsebene des Unternehmens zu kommunizieren, um das Vertrauen in die angewandte Methode zu erhöhen.

| | Kaufpreis | Laufende Kosten für die geplante Nutzungsdauer | Gesamtkosten | Techn. Prüfung | Mittelwert der Gesamtkosten der 5 günstigsten Angebote, die technisch i.O. sind | Kosten des ausgewählten Angebots | Savings |
|---|---|---|---|---|---|---|---|
| Angebot A | 1.600.000 € | 850.000 € | 2.450.000 € | i.O. | | | |
| Angebot B | 1.150.000 € | 560.000 € | 1.710.000 € | i.O. | | 1.710.000 € | 134.000 € |
| Angebot C | 2.000.000 € | 720.000 € | 2.720.000 € | i.O. | | | |
| Angebot D | 1.100.000 € | 770.000 € | 1.870.000 € | n.i.O | | | |
| Angebot E | 1.000.000 € | 800.000 € | 1.800.000 € | i.O. | 1.844.000 € | | |
| Angebot F | 1.100.000 € | 780.000 € | 1.880.000 € | n.i.O | | | |
| Angebot G | 1.500.000 € | 740.000 € | 2.240.000 € | i.O. | | | |
| Angebot H | 1.200.000 € | 760.000 € | 1.960.000 € | i.O | | | |
| Angebot I | 1.200.000 € | 810.000 € | 2.010.000 € | i.O. | | | |

**Abb. 6.10** Ermittlung des durchschnittlichen Gebots zur Berechnung des Preisangebotsverfahrens am Beispiel einer Windkraftanlage
In Anlehnung an Rüdrich / Kalbfuß / Weißer (2004) S. 83; Entchelmeier (2008), S. 67.

## 6.2.6 Fazit zur Savings-Messung

In strukturell und konjunkturell schwierigen Zeiten sowie durch die allgemeine Informationsüberlastung gewinnen Aspekte der Prozessoptimierung und -beschleunigung zunehmend an Bedeutung, da sie erhebliche Effizienzsteigerungspotenziale haben. Um Prozesse verbessern zu können, müssen sie zuvor jedoch gemessen werden. In der Beschaffung gibt es vielfältige Methoden und Instrumente der Erfolgsmessung. Zum einen traditionelle Ansätze, zum anderen modernere Methoden, wie die Balanced Scorecard und das Performance Measurement. Performance Measurement-Systeme sind unternehmensspezifisch anzupassen sowie eng an die strategische Ausrichtung anzulehnen. Sie versorgen die verschiedenen Adressaten des Unternehmens mit in sich konsistenten und abgestimmten Informationen. Hierdurch werden Maßnahmen zur Verbesserung des Unternehmens abgeleitet.[52]

Die Savings-Messung als eine kostenbasierte Methode des Supply Performance Measurements, ist insbesondere bei der Beschaffung von Investitionsgütern, aufgrund der hier auftretenden Besonderheiten, von Relevanz. Charakteristika des Investitionsgütereinkaufs sind die starke technische Prägung, die Komplexität und eine mangelnde Vergleichbarkeit durch mögliche Folgekosten. Die variierende Preispolitik der Lieferanten und eine ungenügende Markttransparenz sowie der geringe Anteil des Kaufpreises an den Gesamtkosten tragen dazu bei, dass die Savings-Messung eine besondere Herausforderung beim Investitionsgütereinkauf darstellt.[53]

Zu den Aufgaben des Managements bei der Savings-Messung im Investitionsgütereinkauf gehört es unter anderem Ziele zu definieren, Erfolgsmessgrößen zu bestimmen und den Mitarbeitern Feedback hinsichtlich Ihrer Leistung zu geben. Ohne festgesetzes Ziel und klar definierte Methoden zur Messung des Erfolges fehlt ein Fokus. Dies wiederum resultiert in unbeständigen Entscheidungen. Andererseits entstehen durch zu viele Maßnahmen möglicherweise Verwirrung und schwankende Leistungen der Einkäufer. Das Management hat folglich dafür zu sorgen, dass alle Mitarbeiter über die Unternehmens- und Abteilungsziele informiert werden sowie die Methoden der Erfolgsmessung bekannt sind.

Wird die Savings-Messung beim Investitionsgütereinkauf als Methode der Erfolgsmessung implementiert, sind alle involvierten Mitarbeiter über die Methode, deren Anwendung und die Konsequenzen zu informieren. Große Bedeutung hat die Kommunikation der Methode und die Bereitstellung von prägnanten Informationen sowie die Festlegung von Ansprechpartnern zur Unterstützung und Ausräumung von Unklarheiten. Diese Transparenz fördert eine reibungslose und erfolgreiche Implementierung der Savings-Messung. Die Savings-Messung lässt sich nach einer erfolgreichen Implementierung zudem als Instrument zur zielgerichteten Steuerung der Beschaffungsaktivitäten von Investitionsgütern verwenden. Durch die aus der Erfolgsmessung gewonnenen Informationen erhalten die Entscheidungsträger nicht

---

[52] Vgl. Hertel / Zentes / Schramm-Kleine (2005), S. 356 f.
[53] Vgl. Arnolds et al. (2010), 425 ff.

nur einen Überblick über die Leistungsfähigkeit des Einkaufs. Es können zudem gezielt Maßnahmen ergriffen werden, um die Beschaffungsleistung zu verbessern. Zusätzlich ermöglicht die durch die Savings-Messung gewonnene Kostentransparenz den Einkäufern eine zielgerichtete Ausrichtung ihrer Einkaufsaktivitäten.

Durch die Generierung eines Zielfokusses wird den Mitarbeitern vor Augen geführt, in welche Richtung ihre Entscheidungen auszurichten sind und welche Leistung von Ihnen erwartet wird. So erhalten Mitarbeiter ein Feedback über ihre Leistung, welches nachvollziehbar ist. Die damit gewonnenen Erkenntnisse ermöglichen es, gezielt an den persönlichen Fähigkeiten zu arbeiten und folglich den Beitrag am Beschaffungs- und Unternehmenserfolg zu vergrößern. Diese Transparenz trägt zudem zu einer erhöhten Mitarbeiterzufriedenheit bei.

Für eine ganzheitliche Unternehmenssteuerung sollte jedoch nicht ausschließlich die Savings-Messung verwendet werden. Stattdessen sind mehrere Performance Measurement-Systeme integrativ miteinander zu verbinden. Die Erfolgs- und Ergebnismessungen der Savings-Messung ließen sich gut mit den Kennzahlen zu den Prozesskosten, der Prozesszeit und der Prozessqualität des prozessorientierten Supply Performance Measurements als Kennzahl in eine Supply Balanced Scorecard integrieren.[54] Alternativ kann der Procurement Value Added (PVA$^©$) als wertorientierte Spitzenkennzahl des Einkaufs in Betracht gezogen werden.[55]

---

[54] Vgl. Entchelmeier (2008), 106 f.
[55] Vgl. Hofmann et al. (2011), S. 91 ff.

# Kapitel 7
# Instrumente und Methoden des Investitionsgütereinkaufs in Bezug auf die Eigenschaften der Beschaffungsobjekte

## 7.1 Life Cycle Costing- und Total Cost of Ownership-Ansatz beim Investitionsgütereinkauf

### 7.1.1 Einführung in den Life Cycle Costing- und Total Cost of Ownership-Ansatz

Durch die langen Planungs- und Nutzungsdauern von Investitionsgütern sowie eine Vielzahl von Kosten, welche nicht nur direkt mit dem Investitionsgut in Verbindung stehen, wird eine Erfassung dieser anfallenden Kosten bei derartigen Projekten erschwert. Oft kommen diese erst zu späteren Zeitpunkten oder schon vor der eigentlichen Beschaffung des Objektes im Lebenszyklus eines Investitionsobjektes zum Tragen. Darüber hinaus ist deren Erfassung mit absoluter Genauigkeit kaum zu bewerkstelligen.

Im Folgenden werden zwei Methoden zur Erfassung der gesamten, mit der Beschaffung eines Investitionsgutes verbundenen Kosten vorgestellt. Es handelt sich um die Systematik des sogenannten Life Cycle Costing- (LCC) und den Total Cost of Ownership-Ansatz (TCO). Beide dienen als Instrument zur Kalkulation der Kosten eines Produkts oder einer (Teil-) Anlage über deren gesamte Lebensdauer hinweg, dennoch sind die Begrifflichkeiten nicht synonym zu verwenden.

LCC wird im engeren Sinne auch als „kostenrechnerisch" fundierte Investitionsrechnung gesehen.[1] Wie die TCO schließt auch die LCC sämtliche Kosten mit ein, die zu späteren Zeitpunkten als dem eigentlichen Beschaffungszeitpunkt anfallen.[2] Der Detaillierungsgrad der TCO-Betrachtung geht jedoch über den der LCC Betrachtung hinaus, wie im Folgenden erläutert wird. Beim LCC werden alle Anschaffungskosten zuzüglich der jeweiligen Nutzungskosten berücksichtigt. In Abb. 7.1 ist ein typisches LCC-System aufgezeigt.

Anschaffungskosten entstehen in der Planungs-, Realisierungs- sowie in der Einführungsphase. Die Nutzungs- und Folgekosten schließen sich diesen Phasen an.

---

[1] Vgl. Herrmann (2010), S. 135.
[2] Vgl. Woodward (1997), S. 343.

**Life Cycle Cost System (=Gesamtkosten)**

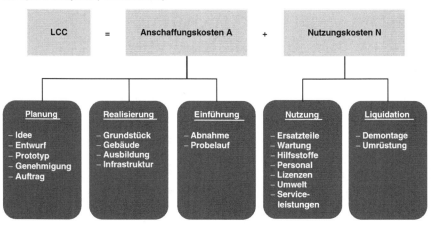

**Abb. 7.1** Life Cycle Cost System im Kontext des Investitionsgütereinkaufs
Eigene Darstellung in Anlehnung an Arnolds et al. (2010), S. 428.

Am Ende eines LCC-Systems steht die Phase der Liquidation, welche die Demontage sowie den Verkauf oder Umrüstungskosten beinhaltet (Desinvestition). Bei Investitionsgütern entstehen in der Regel hohe Nutzungs- und Folgekosten aufgrund einer langen Lebensdauer dieser Güter und der einhergehenden Nutzung zahlreicher Dienstleistungen. Ersatzteile, Hilfsstoffe sowie Lizenzen und sonstige Personalkosten fallen unter diesen Aspekt.[3] Weitere Beispiele für Folgekosten können technische Dokumentationen, Umbau- und Erweiterungsmöglichkeiten, eventuell entstehende Raumbedarfe und Serviceleistungen des Lieferanten bei Installation und Probelauf sein. Abgezielt wird in Bezug auf erbrachte Dienstleistungen jedoch meist nur auf Instandhaltungsarbeiten. Insbesondere unternehmensübergreifende Kosten, wie sie im Supply Chain Management Berücksichtigung finden, werden hier nicht betrachtet. Dies greift in jedem Falle zu kurz. Die Einbeziehung sämtlicher Nutzungskosten sollte daher besondere Berücksichtigung bei der Entscheidungsfindung innerhalb des Investitionsgütereinkaufs finden.

Der TCO-Ansatz ermöglicht eine weiterreichende Betrachtung möglicher Kosten und Beschaffungsalternativen eines Investitionskaufes, da neben den im LCC-Ansatz einbezogenen Kosten zusätzlich weitere, für den Lieferanten anfallende Kostenblöcke betrachtet werden. Dazu gehören Kosten für Werkzeuge, Energie und Personal sowie Zinsen und Kosten für die Produktionslogistik.

Der TCO-Ansatz lässt somit eine unternehmensübergreifende Identifikation und Analyse der Kosten eines Wertschöpfungs- bzw. Produktbereitstellungsprozesses zu. Ziel dieses Ansatzes ist es, die bestmögliche Bereitstellungsalternative bzw.

---

[3] Vgl. Bünting (2008), S. 42.

Sourcing Strategie aus Gesamtkostensicht zu identifizieren und diese aufgrund ihrer ganzheitlichen Betrachtung umzusetzen.

Da es gilt komplexe Beschaffungsentscheidungen transparent (vor allem monetär) darzustellen, gilt der TCO-Ansatz als strukturierter Ansatz zum Verständnis der Gesamtkosten im Zusammenhang mit dem Kauf und der Verwendung eines Gegenstandes.[4] Somit lässt sich eine verlässliche Entscheidungsgrundlage schaffen. Ellram definiert Total Cost of Ownership als: „a philosophy for really understanding all relevant supply chain related costs of doing business with a particular supplier for a particular good/service".[5] Der Ansatz beinhaltet demnach alle Kosten (Total Cost), die einem Unternehmen bei der Beschaffung und der darauf folgenden Nutzung eines bestimmten Produktes oder einer Dienstleistung von einem bestimmten Lieferanten über den gesamten Lebenszyklus des Produktes oder der Dienstleistung entstehen (Ownership).[6] Ellram zielt in diesem Zusammenhang auf die Einstandspreise zuzüglich der Kosten des Lieferantenmanagements und lieferantenspezifischer Handhabungskosten ab. Die Kosten des Lieferantenmanagements beinhalten dabei die Lieferantenauswahl, die Lieferantenqualifizierung und -zertifizierung, aber auch die Beziehungen zu Lieferanten, die mit Kosten verbunden sind. Gemeinhin sind hierbei entstehende Transaktionskosten inkludiert. Der zentrale Ansatzpunkt der TCO-Betrachtung anhand des Transaktionskostenmodells von Ellram beinhaltet die systematische Erfassung und Bewertung der mit einer Transaktion verbundenen Kostenfaktoren.[7] Der TCO-Ansatz ist damit ein adäquates Instrument, um die Transaktionskostenanalyse im Beschaffungsbereich zu unterstützen. Ausgehend von den Life Cycle Costs, die den Fokus auf die Leistungsarten legen, werden bei der TCO-Betrachtung die Kosten der Interaktion mit Lieferanten operationalisiert und somit eine entsprechende Marktsicht eingenommen. Hinter jeder Leistungsart steht ein eigener Beschaffungsmarkt, mit eigenen Marktstrukturen, der durch die TCO-Betrachtung Berücksichtigung findet.

Bei der Berechnung der TCO werden drei Ansätze unterschieden[8]:

- Monetäre Ansätze auf Basis direkter Kosten: Es werden nur direkte Kosten berücksichtigt.
- Monetäre Ansätze mit Berechnungsformeln: Es werden Formeln zur Ermittlung der Kosten entwickelt.
- Wert-basierte Ansätze: Wertorientierte TCO-Modelle kombinieren monetäre Größen mit anderen Leistungsdaten, die schwer zu monetarisieren sind. Die qualitativen Faktoren werden dabei mit einem Faktor gewichtet.

Tabelle 7.1 zeigt die Vor- und Nachteile dieser Modelle.

---

[4] Vgl. Noske (2007), S. 317.
[5] Vgl. Ellram (2002), S. 661.
[6] Vgl. Ellram (1993), S. 52 ff.
[7] Vgl. Ellram / Siferd (1998), S. 58.
[8] Vgl. Ellram (1995), S. 12 f.

**Tabelle 7.1** Vor- und Nachteile der TCO-Modelle

| Modell | Vorteile | Nachteile |
|---|---|---|
| Monetäre Ansätze auf Basis direkter Kosten | • Berücksichtigung der relevanten Faktoren<br>• Hohe Flexibilität<br>• Hohe Anpassungsfähigkeit | • Relativ zeitaufwendig<br>• Ungeeignet für Wiederholungskäufe<br>• Unwirtschaftlich für Investitionsgüter mit geringem Wert |
| Monetäre Ansätze mit Berechnungsformeln | • Geringer Zeitaufwand nach Einführung des Modells<br>• Geeignet für Wiederholungskäufe | • Einführung des Modells ist zeitaufwendig<br>• Formeln müssen regelmäßig überprüft werden<br>• Geringe Flexibilität |
| Wert-basierte Ansätze | • Für nicht-monetarisierbare Kosten anwendbar<br>• Einfache Anwendung bei Wiederholungskäufen | • Einführung des Modells ist zeitaufwendig<br>• Gewichtungen sind nicht objektiv |

Vgl. Ellram (1995), S. 14.

Obwohl die beiden Methoden TCO und LCC in diesem Kapitel, wie in wissenschaftlichen Arbeiten definiert, voneinander abgegrenzt wurden, ist eine derart strikte Unterscheidung für die Praxis und für die in weiteren Kapiteln behandelten Sachverhalte nicht zwingend nötig. Zur Vereinfachung werden diese beiden Begriffe fortan somit gleichbedeutend verwendet.[9]

Beide beschriebenen Ansätze ermöglichen im Rahmen eines Beschaffungsvorhabens Transparenz für Kosten zu ermitteln, welche zum Zeitpunkt der eigentlichen Anschaffung und zu späteren Zeitpunkten anfallen. Sie verhelfen einem Unternehmen somit zu einer höheren Planbarkeit und Transparenz bezüglich der anfallenden Kosten. Kostenabhängigkeiten und Interdependenzen lassen sich mit Hilfe der Instrumente im Beschaffungsprozess aufzeigen. Darüber hinaus verstärkt ein multipersonales Vorgehen unter Berücksichtigung der zur Verfügung stehenden Instrumente die Sensitivität der anfallenden Kosten.

### 7.1.2 Einordnung des Life Cycle Costing-Systems und des Total Cost of Ownership-Ansatzes in den Prozess zur Beschaffung von Investitionsgütern

Wie im vorhergehenden Abschnitt beschrieben, werden durch LCC und TCO nicht nur die Gesamtheit aller benötigten Ressourcen und entstehenden Kosten betrachtet, sondern diese auch über den kompletten Projektverlauf hinweg evaluiert. Daher finden LCC und TCO in der gesamten Querschnittsaktivität „Evaluation" Anwendung (Abb. 7.2). Besondere Bedeutung erlangen LCC und TCO allerdings bei der

---

[9] Vgl. Bünting (2009), S. 39.

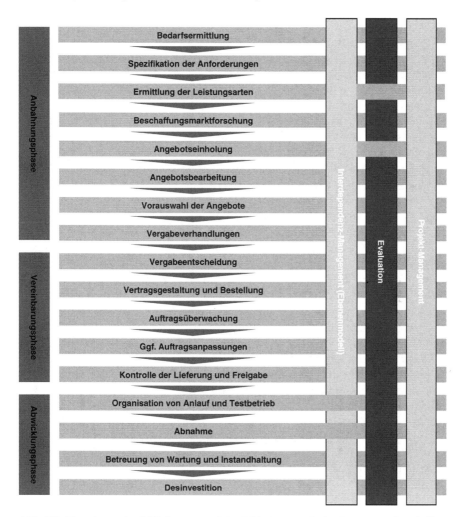

**Abb. 7.2** Einordnung des LCC-Systems und des TCO-Ansatzes in den Prozess zur Beschaffung von Investitionsgütern

Vorauswahl der Angebote und der Vergabeentscheidung. Durch die Einbindung entlang des gesamten Prozesses können TCO und LCC auch als Grundlage für ein späteres Controlling der Kosten und somit als Management-Tool von Beginn bis Ende des Beschaffungsprojekts dienen.[10]

---

[10] Vgl. Schweiger (2008), S. 26.

### 7.1.3 Relevanz der Life Cycle Costing- und Total Cost of Ownership-Analysemethoden im Gesamtprozess

Abhängig von der Art des Investitionsgutes können bestimmte Kosten von signifikantem Einfluss sein, während andere nur einen geringen Einfluss auf die Gesamtkosten haben. Beim Investitionsgütereinkauf in der Atomindustrie spielen beispielsweise Umweltschutzaspekte und Fragestellungen zu Entsorgungskosten eine herausragende Rolle, wobei bei anderen Investitionen bspw. Energie ein erheblicher Kostentreiber sein kann. Aus diesem Grund sind neben dem Preis eines Investitionsgutes branchenabhängig Beurteilungskriterien abzuleiten, welche eine möglichst exakte und umfassende Gesamtkostenbetrachtung, speziell auf das einzelne Investitionsgut bezogen, ermöglichen.

Betrachtet man beispielhaft den Beschaffungsprozess von Windanlagen genauer, treten schon während der Planungsphase die ersten Kostenblöcke mit der Entwicklung und Umsetzung möglicher Testeinrichtungen, Prototypen oder Leistungen für Gutachten (z. B. Sicherheit der Anlagen oder mögliche Beeinträchtigung der Umwelt) durch diese auf. In der Realisierungsphase sind neben Kosten für die allgemeine Bauleistung weitere Ausgaben für logistische Dienstleistungen zu erwarten. Sobald die Anlagen errichtet sind und in Betrieb genommen werden können, erfolgen sowohl die Abnahme durch den Auftraggeber als auch der Probelauf. Sollten in dieser Phase etwaige Mängel auftreten und Nachbesserungen erforderlich sein, ist zu klären, wer - der Auftragnehmer oder Auftraggeber - diese Kosten zu tragen hat. Ob jedoch auch entgangene Gewinne oder entstandene Kosten durch eine verspätete Inbetriebnahme übernommen werden, ist im Einzelfall zu klären. Mit der letztendlichen Nutzung der Anlagen fallen insbesondere Kosten für Ersatzteile, Wartungen und andere Serviceleistungen über die gesamte Anlagenlaufzeit an, welche von Beginn an in den Gesamtkosten des Beschaffungsprojekts mit zu berücksichtigen sind. Als finale Projektphase gilt die Liquidation, mit der entsprechende Kosten für die Demontage verbunden sind.

Dieses Beispiel verdeutlicht, dass nur ein Totalansatz, der die Gesamtkosten über den Lebenszyklus hinweg berücksichtigt, eine objektive Evaluation der Einkaufssituation garantiert. Nur so ist sowohl ein effektives Controlling der Kosten als auch eine strategische Entscheidungsfindung für die bestmögliche Bereitstellungsalternative und Sourcing Strategie für den Investitionsgütereinkauf möglich.

### 7.1.4 Fallbeispiel: Berechnung der Life Cycle Costing- und Total Cost of Ownership-Kosten am Beispiel einer Windkraftanlage

Im Folgenden soll dargestellt werden, wie die LCC- bzw. TCO-Kosten am Beispiel der Beschaffung einer Windkraftanalage berechnet werden. Grundsätzlich ist dabei zwischen den Investitions- sowie den Betriebs- und Rückbaukosten zu unterscheiden. Die Rückbaukosten enthalten die Kosten zum Abbau, zur Entsorgung und die Kosten, um das Grundstück in den ursprünglichen Zustand zurückzuversetzen. Da

| | |
|---|---:|
| Anlagenpreis | 1.300.000 € |
| Planung | 40.500 € |
| Erschließung | 31.500 € |
| Fundament | 99.000 € |
| Netzanbindung | 162.000 € |
| Sonstige Kosten | 117.000 € |
| Gesamte Investitionsnebenkosten | 450.000 € |
| Wartung und Instandhaltung | 25.935 € |
| Versicherung | 12.968 € |
| Strombezug | 4.988 € |
| Grundstückskosten | 17.955 € |
| Steuer | 20.948 € |
| Gesamte Betriebkosten pro Jahr | 99.750 € |
| Kosten für den Rückbau der Anlage | 87.500 € |
| Barwert der gesamten Betriebs- und Rückbaukosten | 1.079.365 € |
| Gesamte Investitionskosten | 1.750.000 € |
| **Barwert der Total Cost of Ownership** | **2.829.365 €** |

**Abb. 7.3** Berechnung der Total Cost of Ownership-Kosten am Beispiel einer Windkraftanlage

die Betriebs- und Rückbaukosten im Laufe der Nutzungsdauer anfallen, müssen hiervon jeweils die Barwerte ermittelt werden. In der Beispielrechnung wurden eine geplante Nutzungsdauer von 20 Jahren und ein Zinssatz von 7% zugrunde gelegt. Diese Berechnung kann für mehrere Investitionsalternativen durchgeführt und außerdem um die zu erwartenden Erlöse erweitert werden (Abb. 7.3).

### 7.1.5 Fazit zum Life Cycle Costing- und Total Cost of Ownership-Ansatz

Der Einsatz der beschriebenen Ansätze ermöglicht einem Unternehmen eine erhöhte Planbarkeit und Transparenz bezüglich der anfallenden Kosten im Investitionsgütereinkauf zu schaffen. Kostenabhängigkeiten und Interdependenzen können mit Hilfe der beschriebenen Bewertungsinstrumente im Beschaffungsprozess aufgezeigt werden.

Dennoch treten sowohl beim LCC-Ansatz als auch beim TCO-Ansatz Schwierigkeiten auf, die es zu beachten und dahingehend zu überbrücken gilt. So begrenzt die hohe Komplexität die Akzeptanz beider Methoden, insbesondere beim Investitionsgütereinkauf, der sich häufig über einen langen Zeitraum erstreckt und bedingte Entscheidungen enthält.[11] Darüber hinaus können Folgekosten normalerweise nicht zu 100% prognostiziert werden und bleiben oft verborgen, obwohl

---

[11] Vgl. Reap et al. (2008), S. 295.

sie ein Vielfaches des Anschaffungspreises betragen.[12] Bei Investitionsgütern und deren besonderen Anforderungen in der Beschaffung lassen sich aufgrund fehlender Vergangenheitswerte oft nur unzureichende Annahmen treffen. Der Grund hierfür ist der Mangel an aussagekräftigen Daten, was eine Erfassung der Gesamtkosten erschwert und eine hohe Transparenz und Nachvollziehbarkeit in der Datenaufbereitung erfordert. Schätzungen und Extrapolationen können jedoch Annäherungswerte bilden und einen Teil zur Gesamtkostenbetrachtung beitragen. Des Weiteren ist für keine der beiden Methoden ein Standardansatz existent, weshalb die Kosten objekt- bzw. projektspezifisch zu ermitteln sind und dabei zwingend eine strukturierte Vorgehensweise zu verfolgen ist.

Sowohl eine erfolgreiche TCO- als auch eine LCC-Betrachtung kann lediglich in crossfunktionalen Teams angegangen werden. Den Investitionsgütereinkauf gilt es demnach durch ein multipersonales Team, gegebenenfalls durch eine Buying Center Struktur, durchzuführen.

## 7.2 Optimale Nutzungsdauer und optimaler Ersatzzeitpunkt von Investitionsgütern

### 7.2.1 *Einführung in die optimale Nutzungsdauer und Ersatzzeitpunkt*

Investitionsgüter werden meist in größeren zeitlichen Abständen beschafft. Sie sind häufig mit einem hohen finanziellen Einsatz verbunden und weisen eine lange Nutzungsdauer auf. Dadurch wird im Unternehmen relativ viel Kapital im Anlagevermögen gebunden. Ferner kann die Beschaffung adäquater Investitionsgüter maßgeblich zum Erfolg eines Unternehmens beitragen. Häufig haben Investitionsgüter beispielsweise einen direkten Einfluss auf die Produktionskosten eines Unternehmens.[13] Beim Investitionsgütereinkauf spielt die Frage nach der wirtschaftlich optimalen Nutzungsdauer und des wirtschaftlich optimalen Ersatzzeitpunktes eine entscheidende Rolle. Wirtschaftlich optimal meint in diesem Zusammenhang, die Nutzungsdauer des Investitionsgutes zu wählen, in dem die Zahlungsüberschüsse das Maximum erreichen.

Die Nutzungsdauer von Investitionsgütern kann nicht in jedem Fall individuell festgelegt werden, sondern ist häufig vorbestimmt und wird von verschiedenen Faktoren beeinflusst. So können beispielsweise rechtliche Ursachen, wie ablaufende Lizenzen, den Gebrauch eines Investitionsgutes eindeutig terminieren und Berechnungen über diese Dauer hinaus unnötig machen. Die technische Nutzungsdauer endet, wenn beispielsweise eine Anlage aufgrund von Verschleiß ihre Funktion nicht mehr erfüllen kann. Ein solcher Verschleiß könnte zudem zu einem plötzlichen

---

[12] Vgl. Wübbenhorst (1986), S. 88.
[13] Vgl. Dobler / Burt / Lamar (1990), S. 322 f.

## 7.2 Optimale Nutzungsdauer und optimaler Ersatzzeitpunkt von Investitionsgütern

Totalausfall führen oder zu einer langsamen Reduzierung der technischen Leistungsfähigkeit. Im Falle einer nachfolgend betrachteten allmählich abnehmenden Leistungsfähigkeit des Investitionsgutes lässt sich die technische Nutzungsdauer durch Instandhaltungs- und Reparaturarbeiten i.d.R. erheblich verlängern.[14] Die Kosten für Instandhaltungs- und Reparaturarbeiten steigen dabei jedoch immer weiter an.

Im Folgenden wird der Fall einer langsam abnehmenden Leistungsfähigkeit betrachtet. Es wird angenommen, dass sich die technische Nutzungsdauer durch Instandhaltungs- und Reparaturarbeiten steigern lässt. Die laufenden Kosten für Instandhaltungs- und Reparaturarbeiten nehmen dabei im Zeitablauf zu und ihre kumulierte Summe übersteigt ab einem bestimmten Zeitpunkt die Kosten der Investitionsgüter für Anschaffung, Installation und Inbetriebnahme sogar oft um ein Vielfaches. Primär ist also die Summe all dieser Zahlungen zu betrachten, welche den Lebenszykluskosten des Investitionsguts entsprechen. Durch steigende Kosten für Reparatur und Instandhaltung, die zunehmende technische Veralterung sowie sich abzeichnende Veränderungen im Einsatzbereich liegt die mögliche technische Nutzungsdauer meist höher als die optimale wirtschaftliche Nutzungsdauer.[15] Die optimale wirtschaftliche Nutzungsdauer wird ihrerseits durch zwei gegenläufige Effekte beeinflusst. Der Vorteil einer langen Nutzungsdauer liegt in der Verteilung der Anschaffungskosten auf eine steigende Anzahl an Perioden. Nachteilig wirkt sich allerdings aus, dass mit der Nutzungsdauer die Instandhaltungs- und Reparaturkosten meist überproportional ansteigen.[16] Auch die Ausfallkosten steigen mit zunehmender Nutzungsdauer. Ein beispielhafter Verlauf dieser Zahlungsströme ist in Abb. 7.4 dargestellt. Die laufenden Auszahlungen repräsentieren z. B. Instandhaltungs- und Reparaturkosten, die mit zunehmender Nutzungsdauer i.d.R. ansteigen. Laufende Einzahlungen repräsentieren die dem Investitionsgut zurechenbaren Mittelzuflüsse. Die kalkulatorischen Abschreibungen stellen schließlich die verteilten Anschaffungskosten dar.

Die für die Berechnungen der optimalen Nutzungsdauer und des optimalen Ersatzzeitpunktes notwendigen Daten basieren auf Lebenszykluskostenanalysen (Abschn. 7.2). Wie in Abb. 7.4 dargestellt, sind zur Berechnung die laufenden Ein- und Auszahlungen sowie die Anschaffungsinvestitionen erforderlich. Weiterhin werden der Restwert, der positiv oder negativ sein kann, sowie der Kalkulationszinssatz des Unternehmens benötigt. Der Kalkulationszinssatz ist bei vielen Unternehmen durch die Finanzierungsart oder die Risikoeinstellung bestimmt und wird meist von der Unternehmensleitung oder vom Finanzbereich festgelegt. Da der Bedarf nach Investitionsgütern und dessen Spezifikation häufig durch die operativen Leistungseinheiten eines Unternehmens, z. B. die Produktion eines Industriebetriebs, angemeldet wird, die notwendigen Daten vom Controlling verwaltet

---

[14] Vgl. Götze (2006), S. 235.
[15] Vgl. Götze (2006), S. 235.
[16] Vgl. Poggensee (2009), S. 255.

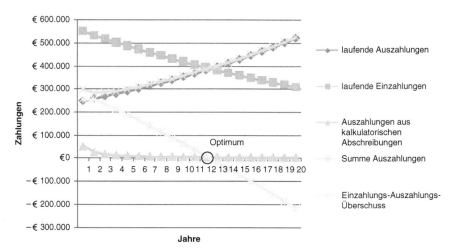

**Abb. 7.4** Beispielhafter Verlauf der Zahlungsströme eines beschafften Investitionsguts im Lebenszyklus
Vgl. Poggensee (2009), S. 255 ff.

werden und der Beschaffungsprozess dem Einkauf obliegt, ist zur Bestimmung der optimalen Nutzungsdauer eine Vernetzung aller beteiligten Akteure von Relevanz.

Die in diesem Abschnitt vorgestellten Methoden lassen sich auch für Performance Contracting-Entscheidungen (Abschn. 7.4) anwenden. Beispielsweise kann zunächst die optimale Nutzungsdauer eines Investitionsgutes bestimmt und darauf aufbauend eine Lease-or-Buy Analyse für den ermittelten Zeitraum durchgeführt werden.

Die Analyse zur Ermittlung der optimalen Nutzungsdauer und des optimalen Ersatzzeitpunktes von Investitionsgütern findet im Wesentlichen zu Beginn und am Ende des Beschaffungsprozesses statt (Abb. 7.5). Die dazwischen liegenden Prozessschritte werden teilweise von den Ergebnissen der Analyse beeinflusst. Beispielsweise ist für die Durchführung einer Wirtschaftlichkeitsanalyse der erhaltenen Angebote die Kenntnis der optimalen Nutzungsdauer notwendig. Die Ermittlung der optimalen Nutzungsdauer wird im Rahmen der Spezifikation der Anforderungen durchgeführt, um auf Basis der daraus gewonnenen Erkenntnisse die Budgetplanung und die Angebotseinholung durchführen zu können. Der optimale Ersatzzeitpunkt ist hingegen in regelmäßigen Abständen während der Betriebsphase des Investitionsgutes und bei Auftreten neuer zahlungsstromrelevanter Informationen zu ermitteln. Doch auch die Querschnittsaktivitäten sind von diesem Lösungsansatz betroffen. So stellt die Ermittlung der optimalen Nutzungsdauer und des optimalen Ersatzzeitpunktes eine Evaluation zwischen einer aktuellen und einer Nachfolgeinvestition dar. Das Interdependenz- und das Projekt-Management müssen bei dieser Fragestellung ebenfalls berücksichtigt werden. Beispielsweise sind bei der Entscheidung hinsichtlich einer Nachfolgeinvestition Interdependenzen in Bezug auf weitere in Nutzung stehende Investitionsgüter zu untersuchen. Da diese Analyse ein

## 7.2 Optimale Nutzungsdauer und optimaler Ersatzzeitpunkt von Investitionsgütern

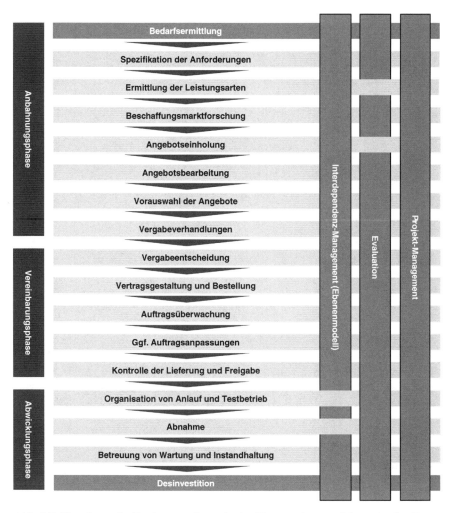

**Abb. 7.5** Einordnung der Bestimmung der optimalen Nutzungsdauer und des optimalen Ersatzzeitpunktes in den Beschaffungsprozess von Investitionsgütern

wesentlicher Baustein der Zeitplanung ist und weitreichende Auswirkungen auf das Budget hat, spielt auch das Projekt-Management eine große Rolle.

Grundsätzlich wird bei der Lebenszyklusanalyse anhand des Zeitpunktes der Berechnung zwischen der Nutzungsdauer- und der Ersatzzeitpunktberechnung unterschieden. Die optimale Nutzungsdauer eines Investitionsgutes wird ex ante, also vor dem Zeitpunkt der Investition, bestimmt.[17] Da man nicht davon ausgehen kann, dass die Kalkulationsgrundlagen bei der Nutzungsdauerberechnung

---

[17] Dies ist auch nötig, da z. B. bei der Vorteilhaftigkeitsbeurteilung verschiedener Investitionen von einen gegebenen Nutzungsdauer ausgegangen wird.

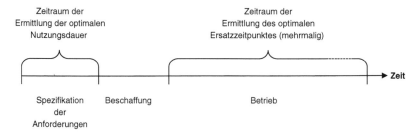

**Abb. 7.6** Ermittlung der optimalen Nutzungsdauer und des optimalen Ersatzzeitpunktes im Zeitablauf

auch tatsächlich so eintreffen und da weiterhin durch technischen Fortschritt verbesserte Investitionsgüter verfügbar sind, ist die geplante Restnutzungsdauer mit Hilfe einer Ersatzzeitpunktberechnung ex post regelmäßig zu überprüfen und anzupassen (Abb. 7.6).

Die Modelle zur Ermittlung der wirtschaftlich optimalen Nutzungsdauer (opt. ND) und des wirtschaftlich optimalen Ersatzzeitpunktes (opt. EZP) lassen sich, wie in Abb. 7.7 dargestellt, kategorisieren.

Im Folgenden werden die Nutzungsdauerberechnung ohne Nachfolgeobjekt (Abschn. 7.2.2.1) sowie die Nutzungsdauerberechnung und Ersatzzeitpunktberechnung bei unendlich vielen identischen Nachfolgeobjekten erläutert (Abschn. 7.2.3). Des Weiteren wird der Fall der Ersatzzeitpunktbestimmung mit nur einem Nachfolgeobjekt vorgestellt (Abschn. 7.2.2.2). Die Nutzungsdauerberechnung ohne

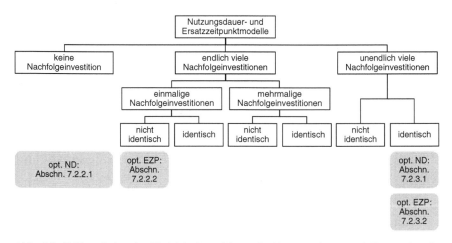

**Abb. 7.7** Zahl und Art der Nachfolgeinvestitionen in Nutzungsdauer- und Ersatzzeitpunktmodellen
Vgl. Götze (2006), S. 238.

## 7.2 Optimale Nutzungsdauer und optimaler Ersatzzeitpunkt von Investitionsgütern

Nachfolgeobjekt sowie die Ersatzzeitpunktbestimmung bei nur einem Nachfolgeobjekt sind als Einführung in dieses Kapitel besonders geeignet, da sie mathematisch relativ leicht verständlich und in der Praxis ohne größeren Aufwand umsetzbar sind. Dieses Modell wird beispielsweise angewendet, wenn die mit dem Investitionsgut produzierten Güter, nach Ende der Nutzungsdauer des Investitionsgutes, nicht mehr produziert werden sollen. So ist bei vielen Unternehmen der Kauf einer Produktionsanlage als quasi einmalige Großinvestition zu betrachten. Die kontinuierliche Erneuerung des unternehmenseigenen Fuhrparks würde hingegen eine unendlich wiederholte identische Investition darstellen. Unterschieden wird die Nutzungsdauer- von der Ersatzzeitpunktberechnung durch den Zeitpunkt der Berechnung. Die Nutzungsdauer wird ex ante, also vor dem Zeitpunkt der Investition, konkretisiert.[18] Da man nicht davon ausgehen kann, dass die Kalkulationsgrundlagen bei der Nutzungsdauerberechnung auch tatsächlich so eintreffen und da durch technischen Fortschritt verbesserte Investitionsgüter verfügbar sind, muss die Nutzungsdauerberechnung häufig ex post überprüft und angepasst werden. Dies kann mit Hilfe einer Ersatzzeitpunktberechnung geschehen.

In den folgenden Abschnitten wird häufig die Berechnung des Kapitalwertes benötigt. Der Kapitalwert ergibt sich aus dem Barwert, also dem Wert, den alle zukünftigen dem Investitionsvorhaben zurechenbaren Ein- und Auszahlungen in der Gegenwart besitzen. Der Kapitalwert berechnet sich wie folgt[19]:

$$KW_k = -I_0 + \sum_{t=1}^{n} NE_t \cdot (1+i)^{-t} + R_k \cdot (1+i)^{-k}$$

mit

$KW_k$    Kapitalwert bei einer Nutzungsdauer von $k$ Perioden
$I_0$    Anschaffungsauszahlung
$NE_t$    Zahlungsüberschuss im Zeitpunkt $t$ berechnet aus der Differenz zwischen Ein- und Auszahlungen
$R_k$    Einzahlung aus Liquidationserlös bzw. Restwert nach einer Nutzungsdauer von $k$ Perioden
$i$    Zinssatz

Anhand des Beispiels einer Windkraftanlage mit einer Leistung von einem Megawatt werden in den folgenden Abschnitten die Ermittlung der optimalen Nutzungsdauer sowie des optimalen Ersatzzeitpunktes von Investitionsgütern exemplarisch dargelegt. Die Anschaffungskosten $I_0$ der Windkraftanlage sollen 1.000.000 € betragen und es wird von einem kalkulatorischen Zinssatz $i = 10\%$ ausgegangen. Mithilfe dieser Daten wird zunächst die optimalen Nutzungsdauer sowie der optimalen Ersatzzeitpunkt einer einmaligen Investition vorgestellt.

---

[18] Dies ist auch nötig da z. B. bei der Vorteilhaftigkeitsbeurteilung verschiedener Investitionen von einen gegebenen Nutzungsdauer ausgegangen wird.
[19] Vgl. Hansen / Mowen / Guan (2009), S. 719.

## 7.2.2 Optimale Nutzungsdauer und Ersatzzeitpunkt einer einmaligen Investition

### 7.2.2.1 Nutzungsdauer einer einmaligen Investition ohne Nachfolgeobjekt

Für die optimale Nutzungsdauer einer einmaligen Investition gilt bei Verwendung des Kapitalwertmodells die folgende Regel: Die optimale Nutzungsdauer ist diejenige bei der der Kapitalwert des Investitionsobjektes sein Maximum erreicht.

Es folgt die Berechnung der optimalen Nutzungsdauer der beispielhaften Windkraftanlage (Abb. 7.8). Laufende Einzahlungen $E_t$ und Auszahlungen $A_t$ sowie der Restwert $R_k$ in den grau hinterlegten Feldern wurden bereits in der Lebenszykluskostenberechnung des Investitionsgutes ermittelt und sind somit hier gegeben. Die Berechnung erfolgt anhand der folgenden Schritte:

- Aus den Ein- und Auszahlungen werden die Zahlungsüberschüsse $NE_t$ jedes Jahres berechnet.
- Anschließend erfolgt die Berechnung des jährlichen Abzinsungsfaktors mit $Abf_t = (1+i)^{-t}$.
- Zahlungsüberschuss und Restwert werden mit dem Abzinsungsfaktor multipliziert, um sie auf den aktuellen Zeitpunkt abzuzinsen.
- Für jede Nutzungsdauer $k$ wird der kumulierte Zahlungsüberschuss bis zu diesem Zeitpunkt mit $\sum_{t=1}^{k} Abf_t \cdot NE_t$ berechnet.
- Der Kapitalwert eines Investitionsguts berechnet sich schließlich aus der Summe des abgezinsten Restwertes und den kumulierten abgezinsten Zahlungsüberschüssen des entsprechenden Jahres, verringert um die Anfangsauszahlung.

| t/k | Laufende Einzahlungen $E_t$ | Laufende Auszahlungen $A_t$ | Restwert $R_k$ | Zahlungsüberschuss $NE_t$ | Abzinsungsfaktor $Abf_t$ | Abgezinster Zahlungsüberschuss | Abgezinster Restwert | Kumulierter abgezinster Zahlungsüberschuss | Kapitalwert $KW_k$ |
|---|---|---|---|---|---|---|---|---|---|
| 1 | 550.000,00 € | 247.000,00 € | 900.000,00 € | 303.000,00 € | 0,91 | 275.454,55 € | 818.181,82 € | 275.454,55 € | 93.636,36 € |
| 2 | 550.000,00 € | 256.880,00 € | 814.500,00 € | 293.120,00 € | 0,83 | 242.247,93 € | 673.140,50 € | 517.702,48 € | 190.842,98 € |
| 3 | 550.000,00 € | 267.155,20 € | 741.195,00 € | 282.844,80 € | 0,75 | 212.505,48 € | 556.870,77 € | 730.207,96 € | 287.078,74 € |
| 4 | 550.000,00 € | 277.841,41 € | 678.193,43 € | 272.158,59 € | 0,68 | 185.887,98 € | 463.215,23 € | 916.095,94 € | 379.311,18 € |
| 5 | 550.000,00 € | 288.955,06 € | 623.937,95 € | 261.044,94 € | 0,62 | 162.088,37 € | 387.416,38 € | 1.078.184,31 € | 465.600,69 € |
| 6 | 550.000,00 € | 300.513,27 € | 577.142,60 € | 249.486,73 € | 0,56 | 140.828,76 € | 325.781,95 € | 1.219.013,07 € | 544.795,02 € |
| 7 | 550.000,00 € | 312.533,80 € | 536.742,62 € | 237.466,20 € | 0,51 | 121.857,71 € | 275.433,83 € | 1.340.870,78 € | 616.304,61 € |
| 8 | 550.000,00 € | 325.035,15 € | 501.854,35 € | 224.964,85 € | 0,47 | 104.947,76 € | 234.118,76 € | 1.445.818,54 € | 679.937,30 € |
| 9 | 550.000,00 € | 338.036,56 € | 471.743,09 € | 211.963,44 € | 0,42 | 89.893,19 € | 200.065,12 € | 1.535.711,73 € | 735.776,85 € |
| 10 | 550.000,00 € | 351.558,02 € | 445.797,22 € | 198.441,98 € | 0,39 | 76.507,97 € | 171.874,13 € | 1.612.219,71 € | 784.093,83 € |
| 11 | 550.000,00 € | 365.620,34 € | 423.507,36 € | 184.379,66 € | 0,35 | 64.623,95 € | 148.436,75 € | 1.676.843,65 € | 825.280,40 € |
| 12 | 550.000,00 € | 380.245,15 € | 404.449,53 € | 169.754,85 € | 0,32 | 54.089,13 € | 128.870,08 € | 1.730.932,78 € | 859.802,86 € |
| 13 | 550.000,00 € | 395.454,96 € | 388.271,55 € | 154.545,04 € | 0,29 | 44.766,19 € | 112.468,44 € | 1.775.698,97 € | 888.167,41 € |
| 14 | 550.000,00 € | 411.273,16 € | 374.682,04 € | 138.726,84 € | 0,26 | 36.531,11 € | 98.665,49 € | 1.812.230,09 € | 910.895,58 € |
| 15 | 550.000,00 € | 427.724,08 € | 363.441,58 € | 122.275,92 € | 0,24 | 29.271,88 € | 87.005,03 € | 1.841.501,97 € | 928.506,99 € |
| 16 | 550.000,00 € | 444.833,05 € | 354.355,54 € | 105.166,95 € | 0,22 | 22.887,39 € | 77.118,09 € | 1.864.389,36 € | 941.507,45 € |
| 17 | 550.000,00 € | 462.626,37 € | 347.268,43 € | 87.373,63 € | 0,20 | 17.286,41 € | 68.705,21 € | 1.881.675,77 € | 950.380,98 € |
| 18 | 550.000,00 € | 481.131,42 € | 342.059,41 € | 68.868,58 € | 0,18 | 12.386,62 € | 61.522,39 € | 1.894.062,39 € | 955.584,78 € |
| 19 | 550.000,00 € | 500.376,68 € | 338.638,81 € | 49.623,32 € | 0,16 | 8.113,81 € | 55.370,15 € | 1.902.176,20 € | 957.546,35 € |
| 20 | 550.000,00 € | 520.391,75 € | 336.945,62 € | 29.608,25 € | 0,15 | 4.401,08 € | 50.084,82 € | 1.906.577,28 € | 956.662,10 € |

**Abb. 7.8** Berechnung der optimalen Nutzungsdauer einer einmaligen Investition ohne Nachfolgeobjekt

## 7.2 Optimale Nutzungsdauer und optimaler Ersatzzeitpunkt von Investitionsgütern

Da der Kapitalwert sein Maximum von 957.546,35 € nach 19 Jahren erreicht, entspricht dieser Zeitraum der optimalen Nutzungsdauer.

### 7.2.2.2 Ersatzzeitpunkt beim einmaligen Ersetzen durch ein Neuobjekt

Die im vorherigen Abschnitt berechnete Windkraftanlage wurde angeschafft und ist in Betrieb. Eine Nachfolgeinvestition war in diesem Beispiel nicht geplant. Im Folgenden sei angenommen, dass im zweiten Betriebsjahr, also vor Ablauf der Nutzungsdauer, eine Anlage mit verbesserter Effizienz auf den Markt kommt, die bei gleichem Input einen höheren Output generiert. Der im innovationsorientierten Beschaffungsmanagement geschulte Einkauf erkennt dies und berechnet, dass die neue Anlage eine Verbesserung gegenüber der bestehenden Anlage ist. Nun soll ermittelt werden, zu welchem Zeitpunkt die betriebene Anlage am wirtschaftlichsten durch die neue Windkraftanlage ersetzt wird.[20]

Die Berechnung basiert auf den laufenden Ein- und Auszahlungen sowie dem Liquidationserlös $R_k$ für eine Nutzungsdauer von $k$ Perioden. Zuerst werden die optimale Nutzungsdauer und der Kapitalwert der neuen Windkraftanlage berechnet. Dabei ist das Vorgehen identisch zur Berechnung der Nutzungsdauer einer einmaligen Investition ohne Nachfolgeobjekt in Abschn. 7.2.2.1.

Für die neue Windkraftanlage ist also ebenfalls eine Nutzungsdauer von 19 Jahren mit einem Kapitalwert zum jetzigen Zeitpunkt von 1.003.553,41 € optimal (Abb. 7.9).

| Jahr t/k | Einzahlungen $E_t$ | Auszahlungen $A_t$ | Restwert $R_k$ | Zahlungsüberschuss $NE_t$ | Abzinsungsfaktor $Abf_t$ | Abgezinster Zahlungsüberschuss | Kumulierter abgezinster Zahlungsüberschuss | Abgezinster Restwert | Kapitalwert $KW_k$ |
|---|---|---|---|---|---|---|---|---|---|
| 1 | 555.500,00 € | 247.000,00 € | 900.000,00 € | 308.500,00 € | 0,91 | 280.454,55 € | 280.454,55 € | 818.181,82 € | 98.636,36 € |
| 2 | 555.500,00 € | 256.880,00 € | 814.500,00 € | 298.620,00 € | 0,83 | 246.793,39 € | 527.247,93 € | 673.140,50 € | 200.388,43 € |
| 3 | 555.500,00 € | 267.155,20 € | 741.195,00 € | 288.344,80 € | 0,75 | 216.637,72 € | 743.885,65 € | 556.870,77 € | 300.756,42 € |
| 4 | 555.500,00 € | 277.841,41 € | 678.193,43 € | 277.658,59 € | 0,68 | 189.644,55 € | 933.530,20 € | 463.215,23 € | 396.745,44 € |
| 5 | 555.500,00 € | 288.955,06 € | 623.937,95 € | 266.544,94 € | 0,62 | 165.503,43 € | 1.099.033,64 € | 387.416,38 € | 486.450,02 € |
| 6 | 555.500,00 € | 300.513,27 € | 577.142,60 € | 254.986,73 € | 0,56 | 143.933,36 € | 1.242.967,00 € | 325.781,95 € | 568.748,96 € |
| 7 | 555.500,00 € | 312.533,80 € | 536.742,62 € | 242.966,20 € | 0,51 | 124.680,08 € | 1.367.647,08 € | 275.433,83 € | 643.080,91 € |
| 8 | 555.500,00 € | 325.035,15 € | 501.854,35 € | 230.464,85 € | 0,47 | 107.513,55 € | 1.475.160,63 € | 234.118,76 € | 709.279,39 € |
| 9 | 555.500,00 € | 338.036,56 € | 471.743,09 € | 217.463,44 € | 0,42 | 92.225,73 € | 1.567.386,36 € | 200.065,12 € | 767.451,48 € |
| 10 | 555.500,00 € | 351.558,02 € | 445.797,22 € | 203.941,98 € | 0,39 | 78.628,46 € | 1.646.014,83 € | 171.874,73 € | 817.888,95 € |
| 11 | 555.500,00 € | 365.620,34 € | 423.507,36 € | 189.879,66 € | 0,35 | 66.551,66 € | 1.712.566,49 € | 148.436,75 € | 861.003,24 € |
| 12 | 555.500,00 € | 380.245,15 € | 404.449,53 € | 175.254,85 € | 0,32 | 55.841,60 € | 1.768.408,08 € | 128.870,08 € | 897.278,17 € |
| 13 | 555.500,00 € | 395.454,96 € | 388.271,55 € | 160.045,04 € | 0,29 | 46.359,35 € | 1.814.767,43 € | 112.468,44 € | 927.235,87 € |
| 14 | 555.500,00 € | 411.273,16 € | 374.682,04 € | 144.226,84 € | 0,26 | 37.979,44 € | 1.852.746,87 € | 98.665,49 € | 951.412,36 € |
| 15 | 555.500,00 € | 427.724,08 € | 363.441,58 € | 127.775,92 € | 0,24 | 30.588,54 € | 1.883.335,41 € | 87.005,03 € | 970.340,43 € |
| 16 | 555.500,00 € | 444.833,05 € | 354.355,54 € | 110.666,95 € | 0,22 | 24.084,35 € | 1.907.419,76 € | 77.118,09 € | 984.537,85 € |
| 17 | 555.500,00 € | 462.626,37 € | 347.268,43 € | 92.873,63 € | 0,20 | 18.374,55 € | 1.925.794,31 € | 68.705,21 € | 994.499,52 € |
| 18 | 555.500,00 € | 481.131,42 € | 342.059,41 € | 74.368,58 € | 0,18 | 13.375,84 € | 1.939.170,16 € | 61.522,39 € | 1.000.692,55 € |
| 19 | 555.500,00 € | 500.376,68 € | 338.638,81 € | 55.123,32 € | 0,16 | 9.013,10 € | 1.948.183,26 € | 55.370,15 € | **1.003.553,41 €** |
| 20 | 555.500,00 € | 520.391,75 € | 336.945,62 € | 35.108,25 € | 0,15 | 5.218,62 € | 1.953.401,88 € | 50.084,82 € | 1.003.486,70 € |

**Abb. 7.9** Berechnung der optimalen Nutzungsdauer der neuen Anlage bei der Ersatzzeitpunktbestimmung eines einmaligen Ersatzes

---

[20] Vgl. Obermeier / Gasper (2008), S. 99 ff.

Die Kapitalwerte der betriebenen Anlage sind bereits bekannt. Der optimale Ersatzzeitpunkt wird nun berechnet, indem für alle möglichen Nutzungsdauern der alten Anlage der auf diesen Zeitpunkt abgezinste optimale Kapitalwert der neuen Anlage hinzuaddiert wird, also $KW_g = KW_k^{alt} + Abf_k \cdot KW_{opt}^{neu}$. Der Gesamtkapitalwert $KW_g$ soll maximiert werden.

Der optimale Kapitalwert tritt im Jahr 10 auf (Abb. 7.10). Da sich die alte Windkraftanlage schon im zweiten Jahr ihrer Betriebszeit befindet, wird sie dieser Rechnung folgend noch acht Jahre weiterbetrieben und mit Ablauf des zehnten Betriebsjahres ausgetauscht.

| | alte Anlage | neue Anlage | | | |
|---|---|---|---|---|---|
| Jahr t / k | Kapitalwert $KW_k^{alt}$ | Maximaler Kapitalwert $KW_k$ | Abzinsungsfaktor $Abf_t$ | Abgezinster maximaler Kapitalwert | Kapitalwert beider Anlagen $KW_g$ |
| 1 | 93.636,36 € | 1.003.553,41 € | 0,91 | 912321,28 | 1.005.957,65 € |
| 2 | 190.842,98 € | 1.003.553,41 € | 0,83 | 829382,98 | 1.020.225,96 € |
| 3 | 287.078,74 € | 1.003.553,41 € | 0,75 | 753984,53 | 1.041.063,27 € |
| 4 | 379.311,18 € | 1.003.553,41 € | 0,68 | 685440,48 | 1.064.751,66 € |
| 5 | 465.600,69 € | 1.003.553,41 € | 0,62 | 623127,71 | 1.088.728,40 € |
| 6 | 544.795,02 € | 1.003.553,41 € | 0,56 | 566479,74 | 1.111.274,76 € |
| 7 | 616.304,61 € | 1.003.553,41 € | 0,51 | 514981,58 | 1.131.286,19 € |
| 8 | 679.937,30 € | 1.003.553,41 € | 0,47 | 468165,07 | 1.148.102,37 € |
| 9 | 735.776,85 € | 1.003.553,41 € | 0,42 | 425604,61 | 1.161.381,47 € |
| 10 | 784.093,83 € | 1.003.553,41 € | 0,38 | 383044,15 | 1.167.137,98 € |
| 11 | 825.280,40 € | 1.003.553,41 € | 0,34 | 340483,69 | 1.165.764,09 € |
| 12 | 859.802,86 € | 1.003.553,41 € | 0,30 | 297923,23 | 1.157.726,09 € |
| 13 | 888.167,41 € | 1.003.553,41 € | 0,25 | 255362,77 | 1.143.530,18 € |
| 14 | 910.895,58 € | 1.003.553,41 € | 0,21 | 212802,31 | 1.123.697,89 € |
| 15 | 928.506,99 € | 1.003.553,41 € | 0,17 | 170241,84 | 1.098.748,84 € |
| 16 | 941.507,45 € | 1.003.553,41 € | 0,13 | 127681,38 | 1.069.188,84 € |
| 17 | 950.380,98 € | 1.003.553,41 € | 0,08 | 85120,92 | 1.035.501,90 € |
| 18 | 955.584,78 € | 1.003.553,41 € | 0,04 | 42560,46 | 998.145,24 € |
| 19 | 957.546,35 € | 1.003.553,41 € | 0,00 | 0,00 | 957.546,35 € |
| 20 | 956.662,10 € | 1.003.553,41 € | −0,04 | −42560,46 | 914.101,63 € |

**Abb. 7.10** Berechnung des optimalen Ersatzzeitpunktes bei einem einmaligen Ersatz

### 7.2.3 Optimale Nutzungsdauer und Ersatzzeitpunkt von sich wiederholenden Investitionsketten

#### 7.2.3.1 Nutzungsdauer in Investitionsketten

Falls die berechnete optimale Nutzungsdauer einer Windkraftanlage kürzer ist als die Zeitspanne, in welcher eine Anlage dieser Art benötigt wird, müssen Nachfolgeinvestitionen durchgeführt werden. Wie in Abb. 7.7 dargestellt, können diese Nachfolgeinvestitionen identisch oder nicht identisch sowie endlich als auch unendlich sein. Da mehrere Investitionen ohne Überschneidungen und Unterbrechungen aufeinanderfolgen, kann man sie sich als kapitalwertgleiche[21] Investitionskette vorstellen. Die aus praktischen Gesichtspunkten wenig realistische Annahme der Unendlichkeit ist insofern nicht problematisch, da Zahlungen in ferner Zukunft aufgrund des Abzinsungseffektes nahezu unberücksichtigt bleiben.[22] Jedoch stellt diese Annahme eine mathematische Vereinfachung des Problems dar und ist insbesondere dann anzuwenden, wenn im Moment der Planung noch nicht bekannt ist, wie lange das mit dem Investitionsgut produzierte Produkt produziert werden soll.[23] Die Annahme identischer Nachfolgeinvestitionen ergibt sich aufgrund fehlender Informationen über die Zukunft. Daher ist davon auszugehen, dass die neuen Anlagen zu denselben Konditionen und Bedingungen beschafft werden.[24]

Der Gesamtkapitalwert dieser Investitionskette wird durch die Länge der einzelnen Objekte in der Kette mitbestimmt. Die Kapitalwerte der einzelnen Objekte werden auf den aktuellen Zeitpunkt abgezinst und anschließend addiert.[25] Eine unendliche Investitionskette mit einer Nutzungsdauer $k$ und einem Kapitalwert $KW_k$ jedes Objektes lässt sich graphisch, wie in Abb. 7.11 gezeigt, darstellen.

Berechnet wird $KW_g$ durch Abzinsung und anschließende Addition der einzelnen Objekte in der Kette auf den aktuellen Zeitpunkt. Es handelt sich dabei um eine geometrische Reihe, weswegen sich der Gesamtkapitalwert mit der Summenformel wie folgt darstellen lässt[26]:

$$\text{Gesamtkapitalwert der Reihe: } KW_g = KW_k \cdot \frac{1 - \left[\frac{1}{(1+i)^k}\right]^\infty}{1 - \frac{1}{(1+i)^k}}$$

---

[21] Kapitalwertgleich bedeutet, dass jedes Objekt die gleiche Anschaffungsauszahlung, die gleiche Länge der Nutzungsdauer sowie den gleichen Kapitalwert hat und dass das Nachfolgeobjekt genau dann in Betrieb genommen wird, wenn das Vorgängermodell liquidiert wird. Vgl. Poggensee (2009), S. 256.
[22] Vgl. Bellman (1955), S. 133.
[23] Vgl. Wünsche (2009), S. 99.
[24] Vgl. Wünsche (2009), S. 99.
[25] Mathematisch entspricht dies einer geometrischen Reihe.
[26] Vgl. Poggensee (2009), S. 272.

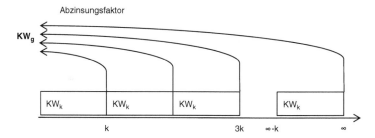

**Abb. 7.11** Gesamtkapitalwert bei unendlich wiederholten kapitalwertgleichen Investitionsketten Vgl. Poggensee (2009), S. 271.

Da der Bruch in der eckigen Klammer durch den Exponenten unendlich klein wird, kann er vernachlässigt werden. Die Rechnung verkürzt sich dadurch folgendermaßen:

$$KW_g = KW_k \cdot \frac{1}{1 - \frac{1}{(1+i)^k}}$$

Nach Erweitern des Bruches um den mit dem Zinssatz multiplizierten Aufzinsungsfaktor und Ausklammern des Zinssatzes auf dem Nenner des Bruches ergibt sich:

mit

$$KW_g = \frac{KW_k}{i} \cdot \frac{i \cdot (1+i)^k}{(1+i)^k - 1} = \frac{KW_k}{i} \cdot KWF_i^k = \frac{DJ\ddot{U}}{i}$$

$$KWF_i^k = \frac{i \cdot (1+i)^k}{(1+i)^k - 1} \quad \text{Kapitalwiedergewinnungsfaktor}[27]$$

$DJ\ddot{U} = KWF_i^k \cdot KW_k$ Durchschnittlicher Jahresüberschuss bzw. Annuität

Der Gesamtkapitalwert $KW_g$ resultiert also aus der Division des durchschnittlichen Jahresüberschusses $DJ\ddot{U}$ durch den Kalkulationszinssatz $i$. Der Gesamtkapitalwert der Investitionskette lässt sich optimieren, indem für jede mögliche Länge der Nutzungsdauer $k$ der $DJ\ddot{U}$ ermittelt wird.

Abbildung 7.12 zeigt ein Beispiel zur Berechnung der optimalen Nutzungsdauer in unendlich wiederholten Investitionsketten. Da die Berechnung für dieselbe Windkraftanlage wie in Abb. 7.8 durchgeführt wird, sind die Kapitalwerte $KW_k$ identisch und werden hier nicht neu berechnet. Bei der Ermittlung der optimalen Nutzungsdauer wird folgendermaßen vorgegangen.

---

[27] Der Kapitalwiedergewinnungsfaktor, oder auch Annuitätenfaktor, teilt einen Wert des aktuellen Zeitpunktes unter Berücksichtigung von Zins und Zinseszins auf $k$ Perioden auf.

## 7.2 Optimale Nutzungsdauer und optimaler Ersatzzeitpunkt von Investitionsgütern

| Jahr k | Kapitalwert KW$_k$ | Kapital-wiedergewinnungs-faktor KWF$_{i_k}$ | DJÜ | KW$_g$ |
|---|---|---|---|---|
| 1 | 93.636,36 € | 1,10 | 103.000,00 € | 1.030.000,00 € |
| 2 | 190.842,98 € | 0,58 | 109.961,90 € | 1.099.619,05 € |
| 3 | 287.078,74 € | 0,40 | 115.438,61 € | 1.154.386,10 € |
| 4 | 379.311,18 € | 0,32 | 119.661,60 € | 1.196.616,02 € |
| 5 | 465.600,69 € | 0,26 | 122.824,29 € | 1.228.242,89 € |
| 6 | 544.795,02 € | 0,23 | 125.088,96 € | 1.250.889,58 € |
| 7 | 616.304,61 € | 0,21 | 126.592,36 € | 1.265.923,57 € |
| 8 | 679.937,30 € | 0,19 | 127.450,18 € | 1.274.501,79 € |
| 9 | 735.776,85 € | 0,17 | 127.760,69 € | 1.277.606,90 € |
| 10 | 784.093,83 € | 0,16 | 127.607,66 € | 1.276.076,61 € |
| 11 | 825.280,40 € | 0,15 | 127.062,76 € | 1.270.627,63 € |
| 12 | 859.802,86 € | 0,15 | 126.187,52 € | 1.261.875,19 € |
| 13 | 888.167,41 € | 0,14 | 125.034,90 € | 1.250.348,97 € |
| 14 | 910.895,58 € | 0,14 | 123.650,63 € | 1.236.506,35 € |
| 15 | 928.506,99 € | 0,13 | 122.074,32 € | 1.220.743,21 € |
| 16 | 941.507,45 € | 0,13 | 120.340,30 € | 1.203.403,01 € |
| 17 | 950.380,98 € | 0,12 | 118.478,42 € | 1.184.784,22 € |
| 18 | 955.584,78 € | 0,12 | 116.514,66 € | 1.165.146,65 € |
| 19 | 957.546,35 € | 0,12 | 114.471,67 € | 1.144.716,67 € |
| 20 | 956.662,10 € | 0,12 | 112.369,17 € | 1.123.691,71 € |

**Abb. 7.12** Berechnung der optimalen Nutzungsdauer in unendlichen identischen Investitionsketten

- Zuerst wird der Kapitalwiedergewinnungsfaktor berechnet: $KWF_i^k = \frac{i \cdot (1+i)^k}{(1+i)^k - 1}$.
- Um den durchschnittlichen Jahresüberschuss zu erhalten, wird der Kapitalwert mit dem Kapitalwiedergewinnungsfaktor multipliziert.
- Der Gesamtkapitalwert $KW_g$ resultiert schließlich mit $KW_g = \frac{DJÜ}{i}$.

Der maximale Gesamtkapitalwert von $KW_g = 1.227.606,90$ € und damit die optimale Nutzungsdauer liegt im vorliegenden Beispiel bei neun Jahren (Abb. 7.12).

Es ist zu beachten, dass die optimale Nutzungsdauer bei der Berechnung ohne Nachfolgeobjekt bei 19 Jahren lag. Die optimale Nutzungsdauer von neun Jahren im Vergleich zu 19 Jahren bei einer einmaligen Investition ist damit zu erklären, dass der Kapitalwert eines einzelnen Objektes nach neun Jahren zwar weiter steigt, der Grenzertrag und damit der $DJÜ$ aber zurückgeht. Bei einer einmaligen Investition ist es ratsam, die Investition so lange weiter zu betreiben bis der Kapitalwert sein Maximum erreicht. Bei einer Investitionskette hingegen ist es aus finanzieller Sicht erstrebenswert, die Nachfolginvestition bei Erreichen des maximalen DJÜ durchzuführen, um einen Zinsgewinn bei allen nachfolgenden Investitionen zu erzielen.

### 7.2.3.2 Ersatzzeitpunkt bei Investitionsketten

Von der in Abschn. 7.2.3.1 berechneten Investitionskette wird im Folgenden ausgegangen. Die aktuell betriebene Windkraftanlage wurde vor zwei Jahren angeschafft. Nun kommt ein effizienterer Anlagetyp mit einem höheren durchschnittlichen Jahresüberschuss auf den Markt. Spätestens beim nächsten Ersatzzeitpunkt der laufenden Kette sollte eine Windkraftanlage des neuen Typs gekauft werden. Es kann aber wirtschaftlich noch günstiger sein, die bestehende Anlage schon frühzeitig, also vor Ablauf Ihrer berechneten Nutzungsdauer, zu ersetzen.

Bei der Berechnung des Ersatzzeitpunktes in solchen unendlichen Investitionsketten unterscheidet man die Fälle der jährlichen und überjährlichen Ersatzmöglichkeit. Wir konzentrieren uns im Folgenden auf die Berechnung der jährlichen Ersatzmöglichkeit. Jährlicher Ersatzzeitpunkt bedeutet, dass der Austausch der alten durch die neue Investitionskette in jeder Periode (hier: ein Jahr) möglich ist. Überjährlich bedeutet, dass die Ersetzung aus verschiedenen Gründen nicht in jeder Periode möglich ist.

Der Ersatzzeitpunkt wird durch den Vergleich der Verlängerungsperiode des Altobjektes mit dem durchschnittlichen jährlichen Überschuss des Neuobjektes bestimmt.[28] Beim Altobjekt wird also eine Grenzwertbetrachtung vorgenommen.[29] Die Grenzüberschüsse berechnen sich aus der Summe der zusätzlichen Zahlungsüberschüsse $NE_k$ des betrachteten Jahres verringert um den Restwertverlust.

$$G\ddot{U}_k = NE_k - (R_{k-1} - R_k) + i \cdot R_{k-1}$$

Um den optimalen Ersatzzeitpunkt zu bestimmen, wird der Grenzüberschuss der alten Anlage mit dem durchschnittlichen Jahresüberschuss der neuen Windkraftanlage verglichen. Die alte Anlage wird zum frühesten Zeitpunkt ersetzt, in dem der Grenzüberschuss der alten Anlage kleiner oder gleich dem durchschnittlichen Jahresüberschuss der neuen Windkraftanlage ist ($G\ddot{U}_{k,alt} \leq DJ\ddot{U}_{neu}$) oder die Nutzungsdauer der alten Anlage abläuft. Die Berechnung der Grenzüberschüsse der letzten Anlage der alten Investitionskette ist in Abb. 7.13 dargestellt.

Aus Abschn. 7.2.3.1 ist bekannt, dass die optimale Nutzungsdauer einer Windkraftanlage in dieser Investitionskette neun Jahre beträgt. Spätestens nach der

---

[28] Vgl. Poggensee (2009), S. 280.
[29] Da wir annehmen, dass die Einzahlungen und Auszahlungen eines Jahres am Ende des entsprechenden Jahres anfallen, ist das Jahr die zu betrachtende marginale Zeitdauer.

## 7.2 Optimale Nutzungsdauer und optimaler Ersatzzeitpunkt von Investitionsgütern

| | Aktuelle Anlage | | |
|---|---|---|---|
| Jahr t/k | Zahlungs- überschuss $NE_t$ | Restwert $R_k$ | Grenzüberschuss $GÜ_k$ |
| 1 | 303.000,00 € | 900.000,00 € | 103.000,00 € |
| 2 | 293.120,00 € | 814.500,00 € | 117.620,00 € |
| 3 | 282.844,80 € | 741.195,00 € | 128.089,80 € |
| 4 | 272.158,59 € | 678.193,43 € | 135.037,52 € |
| 5 | 261.044,94 € | 623.937,95 € | 138.970,12 € |
| 6 | 249.486,73 € | 577.142,60 € | 140.297,59 € |
| 7 | 237.466,20 € | 536.742,62 € | 139.351,96 € |
| 8 | 224.964,85 € | 501.854,35 € | 136.402,32 € |
| 9 | 211.963,44 € | 471.743,09 € | 131.666,75 € |
| 10 | 198.441,98 € | 445.797,22 € | 125.321,80 € |
| 11 | 184.379,66 € | 423.507,36 € | 117.510,08 € |
| 12 | 169.754,85 € | 404.449,53 € | 108.346,28 € |
| 13 | 154.545,04 € | 388.271,55 € | 97.922,11 € |
| 14 | 138.726,84 € | 374.682,04 € | 86.310,18 € |
| 15 | 122.275,92 € | 363.441,58 € | 73.567,25 € |
| 16 | 105.166,95 € | 354.355,54 € | 59.736,76 € |
| 17 | 87.373,63 € | 347.268,43 € | 44.850,97 € |
| 18 | 68.868,58 € | 342.059,41 € | 28.932,71 € |
| 19 | 49.623,32 € | 338.638,81 € | 11.996,79 € |
| 20 | 29.608,25 € | 336.945,62 € | −5.948,82 € |

**Abb. 7.13** Berechnung des Grenzüberschuss der letzten Anlage der auslaufenden Investitionskette

neunten Periode ist dieser Überlegung folgend also eine Neuinvestition durchzuführen. Die neu verfügbare Windkraftanlage ist dieselbe wie in Abb. 7.10, also sind auch die Kapitalwerte $KW_k$ identisch und werden hier nicht neu berechnet.

Der maximale durchschnittliche Jahresüberschuss beträgt also 133.260,69 € und führt zu einer optimalen Nutzungsdauer der Windkraftanlage von neun Jahren (Abb. 7.14). Die Grenzüberschüsse der alten Anlage werden mit diesem durchschnittlichen Jahresüberschuss verglichen. Da die aktuell betriebene Anlage vor zwei Jahren angeschafft wurde, wird der Grenzüberschuss des dritten Jahres betrachtet, der 128.089,80 € beträgt. Da der $GÜ$ der alten Windkraftanlage in Höhe von 128.089,80 € geringer ist als der $DJÜ$ der neuen Anlage in Höhe von 133.260,69 €, ist es nach dieser Überlegung erstrebenswert, die alte Anlage mit Ablauf des aktuellen Jahres durch die neue Anlage zu ersetzen.

| Neue Investitionskette | | | | |
|---|---|---|---|---|
| Jahr t/k | Zahlungs- überschuss $NE_t$ | Restwert $R_k$ | Kapitalwert $KW_k$ | Kapital- wiedergewinnungs- faktor $KWF_i^k$ | Durchschnitt- licher Jahresüber- schuss $DJÜ = KW_k * KWF_i^k$ |
| 1 | 308.500,00 € | 900.000,00 € | 98.636,36 € | 1,10 | 108.500,00 € |
| 2 | 298.620,00 € | 814.500,00 € | 200.388,43 € | 0,58 | 115.461,90 € |
| 3 | 288.344,80 € | 741.195,00 € | 300.756,42 € | 0,40 | 120.938,61 € |
| 4 | 277.658,59 € | 678.193,43 € | 396.745,44 € | 0,32 | 125.161,60 € |
| 5 | 266.544,94 € | 623.937,95 € | 486.450,02 € | 0,26 | 128.324,29 € |
| 6 | 254.986,73 € | 577.142,60 € | 568.748,96 € | 0,23 | 130.588,96 € |
| 7 | 242.966,20 € | 536.742,62 € | 643.080,91 € | 0,21 | 132.092,36 € |
| 8 | 230.464,85 € | 501.854,35 € | 709.279,39 € | 0,19 | 132.950,18 € |
| 9 | 217.463,44 € | 471.743,09 € | 767.451,48 € | 0,17 | 133.260,69 € |
| 10 | 203.941,98 € | 445.797,22 € | 817.888,95 € | 0,16 | 130.728,97 € |
| 11 | 189.879,66 € | 423.507,36 € | 861.003,24 € | 0,15 | 125.735,39 € |
| 12 | 175.254,85 € | 404.449,53 € | 897.278,17 € | 0,13 | 118.647,19 € |
| 13 | 160.045,04 € | 388.271,55 € | 927.235,87 € | 0,12 | 109.809,41 € |
| 14 | 144.226,84 € | 374.682,04 € | 951.412,36 € | 0,10 | 99.539,75 € |
| 15 | 127.775,92 € | 363.441,58 € | 970.340,43 € | 0,09 | 88.126,00 € |
| 16 | 110.666,95 € | 354.355,54 € | 984.537,85 € | 0,08 | 75.825,35 € |
| 17 | 92.873,63 € | 347.268,43 € | 994.499,52 € | 0,06 | 62.865,01 € |
| 18 | 74.368,58 € | 342.059,41 € | 1.000.692,55 € | 0,05 | 49.443,45 € |
| 19 | 55.123,32 € | 338.638,81 € | 1.003.553,41 € | 0,04 | 35.732,28 € |
| 20 | 35.108,25 € | 336.945,62 € | 1.003.486,70 € | 0,02 | 21.878,29 € |

**Abb. 7.14** Berechnung des durchschnittlichen Jahresüberschuss der neuen Investitionskette

## 7.2.4 Fazit zur optimalen Nutzungsdauer und zum Ersatzzeitpunkt

Für eine erfolgreiche Bestimmung der optimalen Nutzungsdauer und des Ersatzzeitpunktes können verschiedene Handlungsempfehlungen gegeben werden. Der Einkauf, als Kontaktstelle nach außen, sollte insbesondere geschult werden innovative Neuerungen am Markt zu erkennen, um so die Ersatzzeitpunktberechnung überhaupt anstoßen zu können. Die Daten der vorhandenen Anlagen sind weiterhin kontinuierlich zu ermitteln und zu erneuern, um bei Bedarf direkt darauf zurückgreifen zu können. Da die Daten der potenziellen, neuen Investitionsgüter meist nicht vollständig und nur schwierig zu bestimmen sind, sollte das Unternehmen weitere Kompetenzen aufbauen, um diese Einflussgrößen möglichst effizient und zuverlässig abschätzen zu können. Zusätzlich dazu müssen entsprechende Kanäle und Arbeitsvorgaben zur Verfügung stehen, um die entsprechenden Informationen den beteiligten Akteuren im Unternehmen zur Verfügung zu stellen.

## 7.3 Realoptionsansatz zur Bewertung von Investitionsalternativen

### 7.3.1 Einführung in den Realoptionsansatz

Die im Rahmen des Investitionsgütereinkauf zu treffenden Entscheidungen haben unter anderem das Ziel, den Wert des eingesetzten Kapitals zu maximieren. Da das zur Verfügung stehende Kapital begrenzt ist, können nur die wirtschaftlich besten Investitionen mit positivem Wertbeitrag realisiert werden. Viele Unternehmen nutzen Methoden wie die Kapitalwertmethode oder die interne Zinsfuß-Methode[30] zur Entscheidungsfindung im Investitionsgütereinkauf. Diese Methoden setzen allerdings voraus, dass die mit der Investitionsentscheidung verbundenen Zahlungsflüsse bereits zum Zeitpunkt der Entscheidungsfindung bekannt sind und der verwendete Zinssatz über die gesamte Lebensdauer des Investitionsgutes hinweg konstant ist.[31] Diese Voraussetzungen werden in der Praxis jedoch in aller Regel nicht erfüllt. Weiterhin berücksichtigen diese Ansätze nicht, dass der verwendete Zinssatz dem Risiko der Investition im Zeitverlauf angepasst werden sollte und das Management auch während der Laufzeit eines Investitionsgutes gewisse Entscheidungsflexibilitäten besitzt. So kann das Investitionsgut beispielsweise erweitert oder vorzeitig verkauft werden. Durch diese Entscheidungsmöglichkeit ändern sich die Cashflow-Struktur und der zu verwendende Zinssatz, was durch die Kapitalwertmethode und die interne Zinsfuß-Methode jedoch unberücksichtigt bleibt. Eine in der Theorie eng mit Finanzoptionen verwandte Methode, welche die Unsicherheit der Investition und die Flexibilität des Managements berücksichtigt, stellt der Realoptionsansatz (ROA) dar. Nach Hilpisch (2006) bezeichnet eine Realoption das Recht, „...über einen Zeitraum (oder zu einem bestimmten Zeitpunkt) gegen Zahlung (Erhalt) eines fixen Betrages K ein Projekt umzusetzen (zu beenden), das einen im Zeitablauf unsicheren Wert S aufweist."[32]

Der Realoptionsansatz kann beim Prozess des Investitionsgütereinkaufs grundsätzlich in jedem Schritt stattfinden, in dem eine Evaluation unter Unsicherheit durchgeführt werden muss. Dies könnte z. B. bei der Bedarfsermittlung (Unsicherheit über den zukünftigen Absatz), der Vorauswahl der Angebote und der Vergabeentscheidung (Unsicherheit über tatsächliche Zahlungsflüsse des Investitionsgutes) sowie der Desinvestition (Unsicherheit über zu erwartende Reparaturkosten) der Fall sein. Dabei sind stets auch Interdependenzen in Bezug auf weitere Investitionsgüter, Anbieter und angebotene Leistungen zu berücksichtigen. Wie in jedem

---

[30] IRR Internal Rate of Return, Vgl. Lee / Lee (2006), S. 152 f.
[31] Vgl. Schulmerich (2010), S. 23.
[32] Hilpisch (2006), S. 32.

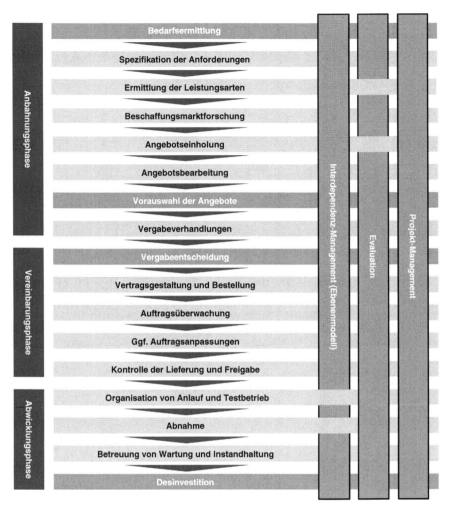

**Abb. 7.15** Einordnung der Anwendung des Realoptionsansatzes in den Beschaffungsgesamtprozess von Investitionsgütern

Schritt, so ist auch beim Realoptionsansatz das Projekt-Management zu involvieren (Abb. 7.15).

Bei korrekter Verwendung kann der Realoptionsansatz in weiteren hier behandelten Aspekten des Investitionsgütereinkaufs nützlich sein. Beispielsweise kann bei einer Lease-or-Buy-Analyse die Option, ein Investitionsobjekt frühzeitig außer Dienst zu stellen, die Leasing-Entscheidung beeinflussen. Wenn die Leasingkonditionen mit dem ROA berechnet werden, lässt sich beispielsweise zusätzlich die Flexibilität des Leasingvertrages berücksichtigen. Auch auf die Nutzungsdauer- und Ersatzzeitpunktbestimmung nehmen Realoptionen einen Einfluss. Wird die Nutzungsdauer einer Anlage als Realoption berechnet, kann die Flexibilität die

## 7.3 Realoptionsansatz zur Bewertung von Investitionsalternativen

Anschaffung des Nachfolgeobjektes um ein Jahr zu verzögern, Einfluss auf die Berechnung und damit die optimale Nutzungsdauer nehmen. Da mit dem Realoptionsansatz ferner zu bestimmen ist, ab wann es sich lohnt ein Investitionsgut nicht mehr zu verwenden, aber für einen eventuellen späteren Gebrauch instandzuhalten, sollten bei der Berechnung der Lebenszykluskosten weiterhin Stilllegungs- und Wiederinbetriebnahmekosten sowie Kosten für Instandhaltung des sich nicht in Betrieb befindenden Investitionsgutes analysiert werden.

Entsprechend seiner vielfältigen Einsatzmöglichkeiten weist der Realoptionsansatz eine hohe mathematische Komplexität bei der Verwendung auf. Da Realoptionen meist mit finanzmathematischen Werkzeugen wie dem Binomialmodell[33] oder der Black-Scholes-Formel[34] berechnet werden, muss entsprechendes Fachwissen im Unternehmen dazu vorhanden sein. Da der Realoptionsansatz auf Unsicherheit basiert, sind jedoch nicht nur finanzmathematische Kenntnisse erforderlich, sondern auch Erfahrungswissen bezüglich der erforderlichen Daten sowie zur Einschätzung der entsprechenden Wahrscheinlichkeiten.

Der Einsatz des Realoptionsansatzes ist nicht bei jeder Investitionsentscheidung erforderlich. Es gibt Investitionsmöglichkeiten, die so deutlich wertgenerierend oder wertvernichtend sind, dass bereits die statischen Methoden ausreichend Aufschluss geben und der aufwändigere Realoptionsansatz zum selben Ergebnis kommt. Weiterhin sollte der Realoptionsansatz nur bei Investitionen verwendet werden, bei denen der gewonnene Nutzen den zusätzlichen Implementierungs- und Berechnungsaufwand übersteigt. Amram / Kulatilaka (1999) stellen dar, in welchen Situationen eine Analyse mit dem ROA besonders sinnvoll ist[35]:

- Es existieren mehrere Investitionsmöglichkeiten.
- Die auf die Cashflows des Investitionsgutes einwirkenden Unsicherheiten sind so hoch, dass es sinnvoll sein kann, auf weitere Informationen zu warten.
- Der Wert der Investition basiert eher auf der Chance zukünftigen Wachstums als auf den generierten Cashflows.
- Die auf die Cashflows des Investitionsgutes einwirkenden Unsicherheiten sind so hoch, dass Entscheidungsflexibilität zusätzlichen Wert schafft. Nur der ROA kann Investitionen in Flexibilität korrekt bewerten.
- Im Laufe der Lebenszeit des Investitionsgutes gibt es neue Entscheidungen und grundlegende Strategieänderungen.

---

[33] Beim Binomialmodell wird der Preis des Basiswertes über aufeinanderfolgende Perioden beobachtet. Es wird angenommen, dass in jeder kurzen Periode nur zwei Bewegungen möglich sind, entweder um einen fixen Wert nach oben oder nach unten. Vgl. Lee / Lee (2006), S. 34.
[34] Die Black-Scholes Formel ist eine Methode um Call-Optionen zu bewerten. Die Formel verwendet den Preis des Basiswertes, den Ausübungspreis, den risikolosen Zinssatz, die Lebenszeit der Option und die Standardabweichung des Preises des Basiswertes. Vgl. Lee / Lee (2006), S. 35.
[35] Vgl. Amram / Kulatilaka (1999), S. 24.

Realoptionen lassen sich hinsichtlich ihrer Art der ermöglichten Flexibilität unterscheiden. Nahezu alle in der Praxis vorkommenden Realoptionen lassen sich laut Hilpisch (2006) in vier Grundtypen unterteilen[36]:

- Wachstumsoptionen verleihen dem Management die Flexibilität, auf positive interne und externe Faktoren entsprechend zu reagieren. Ein Beispiel für eine Wachstumsoption ist die Möglichkeit zur Erweiterung der Produktionskapazität.
- Timing-Optionen ermöglichen die Aufschiebung von Entscheidungen, um auf neue Entwicklungen oder einen besseren Zeitpunkt zu warten. Ein Beispiel hierfür ist die Option, den Kauf einer Anlage auf einen späteren Zeitpunkt zu verschieben.
- Schrumpfoptionen verleihen Entscheidungsträgern die Flexibilität auf negative Faktoren zu reagieren. Die Option, einen Leasingvertrag frühzeitig abzubrechen, ist ein typischer Vertreter der Schrumpfoptionen.
- Komplexe Realoptionen sind die zeitliche oder inhaltliche Kombination mehrerer Realoptionen aus den anderen Kategorien. So steht beispielsweise die Ausübung der Option zum Verlängern der Betriebsdauer einer Anlage in direkter gegenseitiger Abhängigkeit mit der Timing-Option beim Kauf einer Ersatzanlage.

Schließlich sei an dieser Stelle noch kurz der Unterschied zwischen Realoptionen und Finanzoptionen erläutert. Während Finanzoptionen oft „Wetten" von Außenstehenden auf den Aktienwert eines Unternehmens darstellen und den Wert des betroffenen Unternehmens nicht verändern können, kann eine Fehlentscheidung bei Realoptionen die Ressourcen und damit den Wert eines Unternehmens sehr wohl beeinflussen.[37] Wenn ein Unternehmen ein Investitionsgut beispielsweise zu spät kauft, geht damit Wert verloren, der sich im Wert des Unternehmens widerspiegelt. Weiterhin sind Finanzoptionen nur passiv zu handeln. Die Entscheidungsmöglichkeit beschränkt sich auf die Auswahl der Optionen und der zugrunde liegenden Aktien. Realoptionen hingegen kann man auch aktiv steuern, da die Verantwortlichen direkten Einfluss auf die Werttreiber nehmen können.[38] Von der letzten Möglichkeit sollte bei der Verwendung des Realoptionsansatzes im Investitionsgütereinkauf auch Gebrauch gemacht werden.

### 7.3.2 Funktionsweise des Binomialmodells zur Berechnung von Realoptionen

Die Funktionsweise des Binomialmodells[39] wird im Folgenden anhand einer Entscheidungssituation eines Unternehmens zur Errichtung einer Windkraftanlage

---

[36] Vgl. Hilpisch (2006), S. 65 f.
[37] Vgl. Howell et al. (2001), S. 7.
[38] Vgl. Hilpisch (2006), S. 189.
[39] Beispiel abgewandelt übernommen von Copeland / Tufano (2004), S. 93 ff.

## 7.3 Realoptionsansatz zur Bewertung von Investitionsalternativen

erläutert. Eine solche Investitionsentscheidung ist für ein Unternehmen langfristig von großer Bedeutung für den Wert des Unternehmens und von vielen Unsicherheiten sowie Entscheidungsmöglichkeiten beeinflusst. Im vorliegenden Fallbeispiel wird davon ausgegangen, dass die Kosten für Anträge und Vorbereitung für das Aufstellen einer Windkraftanlage zum Ausgangszeitpunkt 50.000 € betragen. Nach einem Jahr müssen weitere 300.000 € investiert werden, um die Planung der Windkraftanlage zu vollenden. Anschließend hat das Unternehmen zwei Jahre Zeit zu entscheiden, ob tatsächlich 1 Mio. € für das Errichten der Windkraftanlage investiert werden sollten. Bei der Option auf das Errichten der Windkraftanlage handelt es sich um eine komplexe Realoption. Die Kosten von 50.000 € erzeugen die Möglichkeit, 300.000 € in einem Jahr zu investieren. Die Investition der 300.000 € wiederum erzeugen die Möglichkeit, 1 Mio. € zum Aufstellen einer Windkraftanlage zu investieren. Diese endgültige Investition kann im zweiten oder im dritten Jahr durchgeführt werden. Bei der Option, die Investition um ein Jahr aufzuschieben, handelt es sich also um eine Timing-Option. Die zu treffenden Entscheidungen des Beispiels sind in Abb. 7.16 schattiert dargestellt.

Die Anwendung des Binomialmodells um dieses Investitionsprojekt zu bewerten, erfolgt in einem zweistufigen Prozess. Zuerst werden die möglichen Zustände des Investitionswertes berechnet. Der Begriff Investitionswert bezeichnet im folgenden Beispiel die Summe der Barwerte aller Zahlungsüberschüsse, also der Wert den die Windkraftanlage im Laufe ihres Betriebs generiert, ohne Berücksichtigung der Investitionskosten. Ausgehend von diesen Investitionswerten, rechnet man unter Einbeziehung der notwendigen Entscheidungen stufenweise zurück. Auf diese Weise kann der Wert der Option auf die Errichtung der Windkraftanlage und damit die optimale Entscheidung in jedem Zustand bestimmt werden.

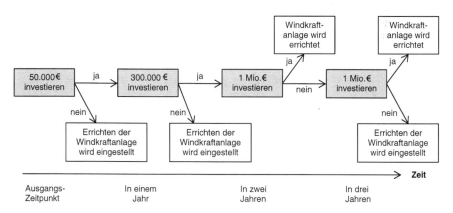

**Abb. 7.16** Exemplarischer Entscheidungsbaum bis zum möglichen Errichten einer Windkraftanlage oder Beendigung des Beschaffungsvorhabens

### 7.3.2.1 Erster Schritt: Modellierung des Binomialbaums des Investitionsobjektes im Zeitablauf

Die möglichen Investitionswerte werden ausgehend vom Wert der Windkraftanlage zum aktuellen Zeitpunkt als Ereignisbaum modelliert. Zuerst erfolgt die fiktive Bestimmung des Investitionswertes zum aktuellen Zeitpunkt (Annahme: Die Windkraftanlage besteht bereits zum Ausgangszeitpunkt). Diese Berechnung kann mit traditionellen Bewertungsmethoden, wie der Kapitalwertmethode, erfolgen. Anschließend wird der mögliche Verlauf des Investitionswertes der Windkraftanlage im Zeitverlauf geschätzt. Da im Binomialmodell in jeder Periode nur entweder eine Abwärts- oder ein Aufwärtsbewegung möglich ist[40] und hier davon ausgegangen wird, dass eine Abwärts- mit anschließender Aufwärtsbewegung im selben Investitionswert resultiert wie eine Aufwärts- mit anschließender Abwärtsbewegung, wird für die Aufwärts- und Abwärtsbewegungen ein fixer Berechnungsfaktor angenommen. Wenn davon ausgegangen wird, dass der mögliche Wert der Windkraftanlage logarithmisch-normalverteilt[41] ist, kann der Berechnungsfaktor für die Wertveränderung bei der Aufwärtsbewegung $b_{auf}$ mit

$$b_{auf} = e^{\sigma * \sqrt{t}}$$

berechnet werden. Dabei ist $e$ die Basis des natürlichen Logarithmus, $\sigma$ die Standardabweichung und $t$ die vergangene Zeit in Jahren. Damit eine Abwärts- mit anschließender Aufwärtsbewegung im selben Investitionswert resultiert wie eine Aufwärts- und anschließende Abwärtsbewegung, ist der Berechnungsfaktor für die Abwärtsbewegungen $b_{ab}$ der Kehrwert des Faktors für die Aufwärtsbewegungen.

$$b_{ab} = \frac{1}{e^{\sigma * \sqrt{t}}}$$

Falls die Investitionswerte der Windkraftanlage nicht logarithmisch-normalverteilt sind, gelten die hier dargestellten Formeln nicht.

Der Wert der Windkraftanlage, wenn sie zum aktuellen Zeitpunkt existieren würde, wäre im vorliegenden Beispiel 1 Mio. €. Die Standardabweichung $\sigma$ des Investitionswertes wird mit 0,3 angenommen. Bei dieser Standardabweichung beträgt der Faktor für die Aufwärtsbewegung ca. 1,35 und für die Abwärtsbewegung ca. 0,74. Die mit diesen Berechnungsfaktoren erreichten Investitionswerte der Windkraftanlage sind in Abb. 7.17 schematisch dargestellt.[42]

---

[40] Die Einschränkung auf nur eine mögliche Bewegung je Zeitabschnitt stellt keine wirkliche Einschränkung dar. Wenn man die Länge der Zeitabschnitte gegen Null gehen lässt, steigen die erreichbaren Zustände gegen unendlich.

[41] Eine Variable ist logarithmisch normalverteilt, wenn der Logarithmus der Variable normalverteilt ist. Vgl. Lee / Lee (2006), S. 170.

[42] In diesem Beispiel wird angenommen, dass der Wert der Windkraftanlage von einem einzigen Schlüsselwert abhängig ist. Die Volatilität dieses Preisunterschiedes in der Vergangenheit kann leicht bestimmt werden. Durch eine Sensitivitätsanalyse kann daraufhin bestimmt werden, inwiefern dieser Schlüsselwert die Windkraftanlage beeinflusst. Dadurch kann anschließend die Volatilität des Wertes der Windkraftanlage bestimmt werden. Vgl. Copeland / Tufano (2004), S. 94.

7.3 Realoptionsansatz zur Bewertung von Investitionsalternativen    95

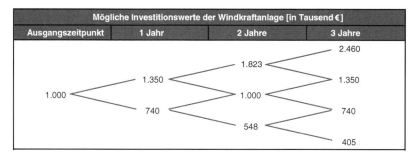

**Abb. 7.17** Exemplarischer Ereignisbaum der Investitionswerte der Windkraftanlage im Zeitablauf

Der Wert der Windkraftanlage ist also von relativ hohen Unsicherheiten beeinflusst. Weiterhin hat das Management einige Entscheidungsmöglichkeiten, wie z. B. in Bezug auf die Planung und den Zeitpunkt der Investition, die bei der Bewertung der Optionen auf die Errichtung der Windkraftanlage mit einzubeziehen sind. Dies erfolgt im zweiten Schritt.

### 7.3.2.2 Zweiter Schritt: Bestimmung des Wertes der Option und der optimalen Entscheidungen

Optionen lassen sich mit dem so genannten Replikationsargument bewerten. Das Replikationsargument basiert auf dem Ansatz des Einheitspreises mit der Annahme, dass zwei unterschiedliche Investitionsmöglichkeiten dieselben Auszahlungen in jedem Umweltzustand haben, perfekte Substitute sind und deswegen exakt denselben Wert besitzen.[43] Um den Wert der Realoptionen zu bestimmen, wird im vorliegenden Beispiel ein Portfolio aus der Windkraftanlage und einem risikolosen Wertpapier erstellt, welches exakt dieselben Auszahlungen aufweist, wie die Windkraftanlage als Realoption.

Bei der Berechnung des Wertes der Option auf die Windkraftanlage wird auf der rechten Seite des Ereignisbaumes, also am Ende der dritten Periode begonnen (Abb. 7.18). Wenn die letzte Investition nicht erfolgt, also das Vorhaben abgebrochen wird, ist der periodenweise Optionswert Null. Anderenfalls ist der periodenweise Optionswert im dritten Jahr die Differenz zwischen dem Investitionswert der Windkraftanlage und den tatsächlichen Kosten für die Errichtung der Windkraftanlage. Im Falle einer dreimaligen Aufwärtsbewegung, wenn der Wert der Windkraftanlage am Ende des dritten Jahres also 2.460.000 € beträgt, ist der periodenweise Wert der Option 2.460.000 €, verringert um die letzte Investition in Höhe von 1.000.000 €, also 1.460.000 €. Da dies eine deutliche Steigerung des

---

[43] Vgl. Copeland / Antikarov (2001), S. 89.

| Mögliche Optionswerte [in Tausend €] | | | |
|---|---|---|---|
| Ausgangszeitpunkt | 1 Jahr | 2 Jahre | 3 Jahre |
| | | | 2.460 − 1.000 = 1.460<br>investiere 1.000 |
| | | | 1.350 − 1.000 = 350<br>investiere 1.000 |
| | | | 740 < 1.000<br>investiere nicht |
| | | | 405 < 1.000<br>investiere nicht |

**Abb. 7.18** Exemplarische Optionswerte und optimale Entscheidungen im dritten Jahr

Unternehmenswertes darstellt, sollte die Investition durchgeführt werden. Falls der Wert der Windkraftanlage jedoch nur 740.000 € bzw. 405.000 € beträgt, wird nicht investiert und der Optionswert ist Null.

Vom Ende des Baumes arbeitet man sich periodenweise an den Anfang vor. Im zweiten Jahr gibt es die Entscheidungsmöglichkeiten „Option ausüben", also Windkraftanlage bauen sowie „Option am Leben halten", d.h. die Entscheidung zu verschieben. In jedem Zustand wird die Entscheidung getroffen, die zur höheren Wertsteigerung des Unternehmens führt. Wenn der Wert der Windkraftanlage am Ende der zweiten Periode 1.823.000 € beträgt, ist der Wert, der durch das Ausüben der Option in dieser Periode generiert wird, der Investitionswert der Windkraftanlage in Höhe von 1.823.000 € verringert um die letzte Investition in Höhe von 1 Mio. €, also 823.000 €. Wenn die Entscheidung vertagt wird, hat das Unternehmen dennoch die Option, die Windkraftanlage im dritten Jahr zu bauen. Um den Wert dieser Option zu bestimmen, wird das Replikationsportfolio berechnet, welches aus Anteilen an der Windkraftanlage sowie einem risikolosen Wertpapier mit dem Zinssatz $i=8\%$ besteht und das in beiden möglichen Zuständen des dritten Jahres dieselben Auszahlungen aufweist wie die Option. Die weitergeführte Option hat für diesen Zustand zwei mögliche Auszahlungen: 1.460.000 € oder 350.000 €. Das bedeutet, dass ein gewisser Anteil $m$ an der Windkraftanlage, verringert um eine gewisse Menge $b$ der risikolosen 1.000 € teuren Wertpapiere, ebenfalls zu diesen Auszahlungen führt, abhängig davon ob der Investitionswert der Windkraftanlage den Zustand 2.460.000 € oder 1.350.000 € erreicht. Beide möglichen Zustände lassen sich mit den folgenden Gleichungen darstellen:

$$2.460 \cdot m - (1 + 0,08) \cdot b = 1.460$$

$$1.350 \cdot m - (1 + 0,08) \cdot b = 350$$

7.3 Realoptionsansatz zur Bewertung von Investitionsalternativen        97

Da dies zwei Gleichungen mit zwei Unbekannten sind, lassen sich die Werte für die Unbekannten leicht und eindeutig mit einem linearen Gleichungssystem bestimmen. Die Ergebnisse dieses linearen Gleichungssystems sind m=1 und b=926. Der Wert des Replikationsportfolios in der zweiten Periode und damit der Wert der Option berechnet sich somit zu:

$$1 \cdot 1.823 - 926 \cdot 1 = 897$$

Da dieser Wert höher ist als der Optionswert bei Ausübung, wird die Option weitergeführt. Dieselbe Berechnung wird für alle drei Zustände ausgeführt. Die Optionswerte für die am Leben gehaltene und die ausgeübte Option sind in Abb. 7.19 dargestellt, wobei die Berechnung des Optionswertes bei Ausübung in Klammern steht.

Um die Optionswerte für das erste Jahr und den aktuellen Zeitpunkt zu erhalten, wird ebenso vorgegangen wie im zweiten Jahr. In der zweiten Periode werden 300.000 € investiert, wenn die Option auf Errichtung der Windkraftanlage diese Investition wert ist. Wenn die Option diesen Preis nicht amortisiert, wird keine Investition getätigt und das Vorhaben wird aufgegeben. Im Falle einer Aufwärtsbewegung des ersten Jahres beträgt der Wert des Replikationsportfolios 537.000 €. Da dieser Optionswert deutlich höher ist als die benötigte Investition, lohnt sich die Investition in Höhe von 300.000 €. Im Falle einer Abwärtsbewegung ist der Wert des Replikationsportfolios in Höhe von 93.000 € deutlich geringer als die benötigten 300.000 €. Hier sollte auf eine Investition verzichtet werden. Ausgehend von den Optionswerten 237.000 € und 0 € im ersten Jahr berechnet sich das Replikationsportfolio für den aktuellen Zeitpunkt zu 122.000 €. Die im aktuellen Zeitpunkt benötigte Investition in Höhe von 50.000 € sollte also durchgeführt werden. Die Optionswerte und jeweiligen Entscheidungen für den jeweiligen Zustand des Investitionswertes sind in Abb. 7.20 dargestellt.

| | Mögliche Optionswerte [in Tausend €] | | |
|---|---|---|---|
| Ausgangszeitpunkt | 1 Jahr | 2 Jahre | 3 Jahre |
| | | | 2.460 − 1.000 = 1.460<br>investiere 1000 |
| | | 897 > 823 = (1.823 − 1.000)<br>warten | |
| | | | 1.350 − 1.000 = 350<br>investiere 1000 |
| | 181 > 0 = (1.000 − 1.000)<br>warten | | |
| | | | 740 < 1.000<br>investiere nicht |
| | | 0 > − 452 = (548 − 1.000)<br>investiere nicht | |
| | | | 405 < 1.000<br>investiere nicht |

**Abb. 7.19** Exemplarische Optionswerte und optimale Entscheidungen im zweiten Jahr

| Möglige Optionswerte [in Tausend €] | | | |
|---|---|---|---|
| Ausgangszeitpunkt | 1 Jahr | 2 Jahre | 3 Jahre |
| | | | 2.460 − 1.000 = 1.460<br>investiere 1.000 |
| | | 897 > 823 = (1.823 − 1.000)<br>warten | |
| | 537 − 300 = 237<br>investiere 300 | | 1.350 − 1.000 = 350<br>investiere 1.000 |
| 122 > 50<br>investiere 50 | | 181 > 0 = (1.000 − 1.000)<br>warten | |
| | 93 < 300<br>investiere nicht | | 740 < 1.000<br>investiere nicht |
| | | 0 > −452 = (548 − 1.000)<br>investiere nicht | |
| | | | 405 < 1.000<br>investiere nicht |

**Abb. 7.20** Exemplarische Optionswerte und optimale Entscheidungen im Gesamtüberblick

Da die Option in der ersten Periode 122.000 € wert ist und die Anfangsinvestition von 50.000 € somit wertgenerierend ist, wird die Anfangsinvestition durchgeführt. Im ersten Jahr wird investiert, wenn man im oberen Zustand (Aufwärtsbewegung) ist und nicht investiert, wenn der Investitionswert im unteren Zustand (Abwärtsbewegung) ist. In diesem Fall wird das Vorhaben also abgebrochen und die untersten Zustände des zweiten und dritten Jahres sind nicht mehr erreichbar. Wenn der Investitionswert im ersten Jahr steigt und anschließend zwei Jahre lang fällt, werden die Investitionen von 50.000 € und 300.000 € durchgeführt, die Windkraftanlage wird aber nicht errichtet, wodurch die Planungskosten von 350.000 € als „verlorenes Kapital" abzuschreiben sind.

### 7.3.3 Fazit zum Realoptionsansatz

Wie das Beispiel zeigt, ist der Realoptionsansatz keine Methode um Unsicherheiten zu reduzieren oder zu vermeiden, sondern dient dazu diese finanziell zu bewerten und nutzbar zu machen. Aufgrund der komplexen Durchführung der Berechnung, sollte der Realoptionsansatz nur bei der Beschaffung von Investitionsgütern angewandt werden, die mit einem hohen Kapitaleinsatz und entsprechend hohen Risiken verbunden sind. Obwohl das Verfahren in der Praxis eingeschränkt verbreitet ist, bietet es bei richtiger Anwendung großes Potenzial zur Beurteilung von Investitionsvorhaben. In der Praxis typische Fehler bei der Anwendung des Realoptionsansatzes sind nach Howell et al. (2001)[44]:

---

[44] Vgl. Howell et al. (2001), S. 193.

- Verwendung von Realoptionen in Situationen, in denen sie nicht angebracht sind, z. B. falls die angenommenen Unsicherheiten nicht zufällig sind.
- Verwendung des inadäquaten Realoptionsmodells.
- Einsetzen von falschen Werten.
- Fehlerhafte Berechnung und Auswertung der Modelle.

Aus den genannten typischen Fehlerquellen wird ersichtlich, dass der Analyse der Entscheidungssituation und der Auswahl des Realoptionsmodells beim Investitionsgütereinkauf besonders große Bedeutung zukommt. Für die Berechnung sind neben finanzmathematischen Kenntnissen vor allem Erfahrungswissen in Bezug auf die Daten und Eintrittswahrscheinlichkeiten erforderlich.

## 7.4 Performance Contracting im Rahmen des Investitionsgütereinkaufs

### 7.4.1 Einführung in das Performance Contracting

Beim Performance Contracting handelt es sich aus Käufersicht um den Erwerb einer kompletten Problemlösung in Form eines Leistungsbündels aus Sach- und Dienstleistung auf Basis einer technischen Infrastrukturlösung. Dabei wird nicht nur das Produkt alleine, sondern die damit zusammenhängende Leistung zur Verfügung gestellt und durch eine leistungsabhängige Nutzungsgebühr bezahlt.[45] Die Leistungen orientieren sich hierbei häufig am Lebenszyklus. Grundsätzlich wird zwischen zwei Formen unterschieden[46]:

- Der Hersteller garantiert eine zu vereinbarende Verfügbarkeit des Investitionsgutes (Leistungsverkauf).
- Der Hersteller führt den Betrieb des Investitionsgutes in Eigenregie durch und erhält dafür eine ergebnisabhängige Entlohnung (Ergebnisverkauf).

Das Konzept des Performance Contracting gewinnt in den letzten Jahren im Zuge einer zunehmenden interorganisationalen Arbeitsteilung stetig an Bedeutung. Wie das Geschäftsmodell von James Watt (1736–1819) zeigt, handelt es sich hierbei jedoch um keine neue Idee[47]:

„Wir werden Ihnen kostenlos eine Dampfmaschine überlassen. Wir werden diese installieren und für fünf Jahre den Kundendienst übernehmen. Wir garantieren Ihnen, dass die Kohle für die Maschine weniger kostet, als Sie gegenwärtig an Futter

---

[45] Vgl. Kleikamp (2002), S. 21 ff.
[46] Vgl. Kleikamp (2002), S. 21 ff.
[47] Dieses Zitat ist nicht belegt. Das zur damaligen Zeit weltbekannte Unternehmen Boulton and Watt des Unternehmers Matthew Boulton und des Ingenieurs James Watt basierte auf dem Geschäftsmodell selbstentwickelte Dampfmaschinen zu betreiben und verlangte gewöhnlich ein Drittel der Energieeinsparungen gegenüber zuvor installierten, weniger effektiven Dampfmaschinen. Vgl. Muirhead (1858), S. 296.

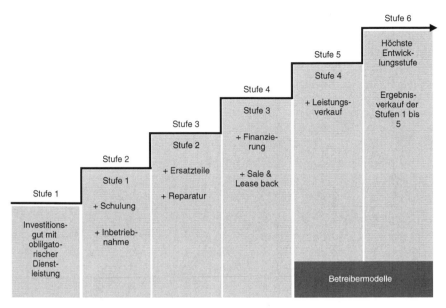

**Abb. 7.21** Idealtypische Entwicklungsstufen beim Performance Contracting
In Anlehnung an Freiling (2002), S. 218; Freiling / Buse / Weißenfels (2004), S. 74.

für die Pferde aufwenden müssen, die die gleiche Arbeit tun. Und alles, was wir von Ihnen verlangen, ist, dass Sie uns ein Drittel des Geldes geben, das Sie sparen."

Abbildung 7.21 zeigt die Entwicklungsstufen von der Beschaffung von Investitionsgütern mit obligatorischen Dienstleistungen im Kontext des Performance Contracting. Kerngedanke des Ansatzes ist, dass Wertschöpfungsprozesse auf einen dritten Anbieter übertragen werden, der über einschlägige Technologien und Fähigkeiten auf seinem Fachgebiet (z. B. eine Dampfmaschine) verfügt, Größenvorteile über die Bündelung von Aufträgen generiert (z. B. zentraler Einkauf der Kohle) und außerdem auf einen Know-how-Vorsprung bei der Betriebsführung zurückgreifen kann. Abbildung 7.22 zeigt exemplarisch einige aktuelle Beispiele für Performance Contracting-Angebote.

**Abb. 7.22** Beispiele für Performance Contracting-Angebote
Vgl. Kleikamp (2002), S. 66.

## 7.4 Performance Contracting im Rahmen des Investitionsgütereinkaufs

Im Folgenden werden die Beispiele der Matrix näher erläutert:

- Leistungsverkauf eines Gebrauchsgutes:
  - Das Daimler Fleet Management bietet markenübergreifend Fuhrparkmanagement-Dienstleistungen an. Leistungen sind unter anderem Service Leasing, Fahrerbetreuung, Schadensmanagement sowie Online-Reporting. Unternehmen können dabei nach dem Baukastenprinzip zwischen standardisierten Produktpaketen und maßgeschneiderten Dienstleistungen wählen.[48] Da das DaimlerChrysler Fleet Management die Verfügbarkeit von LKWs garantiert, handelt es sich um den Leistungsverkauf eines Gebrauchsgutes.
  - Der Kopiergerätehersteller Xerox bietet im Rahmen von Leasingverträgen auch Full-Service Lösungen. Dabei bezahlen Unternehmen die Geräte in Abhängigkeit der tatsächlichen Nutzung.[49]
- Leistungsverkauf eines Verbrauchsgutes:
  - SAFECHEM bietet neben dem Vertrieb von Lösungsmitteln zusätzliche Service-Elemente an, wie beispielsweise Lagerung, Entsorgung der Altware, Lösemittelpflege sowie Beratungs- und Analyseleistungen. Der Preis wird auf der Menge des verkauften Lösungsmittels berechnet.[50] Dieses Geschäftsmodell stellt daher den Leistungsverkauf eines Verbrauchsgutes dar.
  - Der saudi-arabische Chemie- und Metall Konzern SABIC vermietet an seine Kunden hochwertige und recyclebare Standardkunststoffe. Dabei werden neben den Produkten auch Beratungsleistungen sowie die Entsorgung übernommen.[51]
- Ergebnisverkauf eines Gebrauchsgutes:
  - Mercedes Benz CharterWay Miet und Fahr ist ein Beispiel für den Ergebnisverkauf von Gebrauchsgütern, d.h. der Betrieb von Fahrzeugen wird von Mercedes Benz durchgeführt und ergebnisabhängig entlohnt. Dabei bietet das Unternehmen neben dem Fahrzeug auch den Fahrer sowie Event-, Projekt- und Managementdienstleistungen an.[52]
  - Ein weiteres Beispiel für den Leistungsergebnisverkauf von Gebrauchsgütern ist die Wasserversorgung einer Ferienregion in Brasilien durch ein von Hochtief geführtes Konsortium. Nach der Erstellung der Anlage betreibt das Konsortium die Trinkwasserversorgung sowie die Abwasserentsorgung für 25 Jahre.[53]

---

[48] Vgl. Daimler Fleet Management GmbH (2011).
[49] Vgl. Xerox (2011).
[50] Vgl. The Dow Chemical Company (2011).
[51] Vgl. Kleikamp (2002), S. 68.
[52] Vgl. Mercedes Benz (2011).
[53] Vgl. Kleikamp (2002), S. 67 f.

- Ergebnisverkauf eines Verbrauchsgutes:
    - Ergebnisverkauf findet auch bei Verbrauchsgütern statt. Ein Beispiel hierfür sind die Kooperationskonzepte von BASF Coatings. Dabei kann ein Abrechnungsmodell vereinbart werden, bei dem der Automobilhersteller nicht mehr für die gelieferte Menge Lack, sondern für die fehlerfrei lackierte Karosse bezahlt.[54]
    - Auch der Pestizidhersteller Syngenta bietet Ergebnisverkauf bei Verbrauchsgütern an. So übernimmt Syngenta die Ausbringung sowie das Risiko eines Krankheits- und Schädlingsbefalls der jeweiligen Felder.[55]

Eine Übersicht der Kriterien des Performance Contracting, die bei der leistungsbezogenen Auftragsvergabe im Verarbeitenden Gewerbe angesprochen werden, stellt Abb. 7.23 dar. Die leistungsbezogene Auftragsvergabe thematisiert Überlegungen, anhand derer diverse Tätigkeiten in Bezug auf Maschinen oder Ausrüstung an einen Leistungsanbieter vergeben werden. Der Leistungsanbieter kann dabei unabhängig sein oder der Maschinen- oder Ausrüstungshersteller selbst. Im Rahmen der Auftragsvergabe sind zudem die Eigentumsrechte während und nach der Vertragslaufzeit zu klären. Der Leistungsanbieter ist verantwortlich für das Management der Instandhaltungsaktivitäten und somit auch für das Instandhaltungspersonal. Das Betriebspersonal kann dabei sowohl vom Kunden als auch vom Leistungsanbieter gesteuert werden. In der Auftragsvergabe lassen sich verschiedene Vergütungsmodelle berücksichtigen. Pauschalbeträge für die Anlage (Pay-for-Equipment) werden im Rahmen von leistungsbezogenen Auftragsvergaben heutzutage nicht mehr als Vergütungsmodell wahrgenommen.[56] Die Vergütung wird

| | | Optionen | | |
|---|---|---|---|---|
| Kriterien des Performance Contracting | Gegebenheiten des Leistungsanbieters | Unabhängiger Leistungsanbieter | | Maschinen- oder Ausrüstungshersteller |
| | Eigentumsrecht während der Vertragslaufzeit | Leasinggesellschaft | | Zweckgesellschaft (Special Purpose Vehicle) |
| | Eigentumsrecht nach der Vertragslaufzeit | Leasinggesellschaft | | Zweckgesellschaft (Special Purpose Vehicle) |
| | Verantwortung für das Instandhaltungspersonal | Leistungsanbieter | | |
| | Verantwortung für das Betriebspersonal | Kunde | | Leistungsanbieter |
| | Vergütungsmodell | Vergütung anhand der Anlagenverfügbarkeit | Vergütung anhand der Leistung der Anlage (Output) | Vergütung anhand der Wirtschaftsergebnisse des Kunden |
| | Ort des Betriebes | Kunden-intern | Fence-to-fence | Leistungsanbieter-intern |
| | Exklusivität des Betriebes | Einzelner Kunde | | Mehrere Kunden |

**Abb. 7.23** Leistungsbezogene Auftragsvergabe des Performance Contracting im Verarbeitenden Gewerbe
In Anlehnung an Hypko / Tilebein / Gleich (2010), S. 637.

---

[54] Vgl. BASF Coatings (2011).
[55] Vgl. Kleikamp (2002), S. 68 f.
[56] Vgl. Decker / Paesler (2004), S. 1.

in der Praxis anhand der technischen Anlagenverfügbarkeit (Pay-on-Availability), pro erstellte Leistungseinheit (Pay-per-Unit bzw. Pay-on-Production) oder anhand der Wirtschaftsergebnisse des Kunden, wie z. B. Kosteneinsparungen, vorgenommen. Die Leistung kann beim Kunden, beim Hersteller oder auch Fence-to-fence, d.h. Kunden-extern, jedoch in dessen unmittelbarer Nähe, erbracht werden. Zudem kann der Leistungsabnehmer der einzige Kunde des Leistungsanbieters sein, oder ein Kunde von vielen.

### 7.4.2 Einordnung des Performance Contracting in den Prozess zur Beschaffung von Investitionsgütern

Performance Contracting betrifft vor allem die Prozessschritte von der Angebotseinholung bis zur Vergabeentscheidung sowie die Betreuung der Wartungs- und Instandhaltung (Abb. 7.24). Nach der Angebotseinholung und einer sorgfältigen Prüfung und Analyse aller Performance Contracting-Angebote sind diese sowohl untereinander als auch mit Angeboten zum Kauf oder Leasing von Investitionsgütern zu vergleichen. Anhand dieses Vergleichs ist eine Vorauswahl der Angebote hinsichtlich festgelegter Kriterien durchzuführen. In den anschließenden Vergabeverhandlungen spielt neben den Kosten und Leistungen insbesondere die Verteilung der Risiken eine bedeutende Rolle. Dabei ist u.a. die Verteilung von Haftungsrisiken, beispielsweise bei Qualitätsmängeln oder von Finanzierungsrisiken, die durch eine unerwartet schnelle Veraltung des Investitionsgutes hervorgerufen werden können, zu klären. Die Vergabeentscheidung erfolgt schließlich, nachdem alle erforderlichen Informationen vorliegen und bewertet wurden. Neben diesen Prozessschritten sind auch die Querschnittsaktivitäten involviert. Wie auch bei traditionellen Beschaffungsmethoden, dient das Projektmanagement beim Performance Contracting über den gesamten Beschaffungsprozess hinweg als Unterstützungsfunktion. Eine Evaluation ist vor allem bei der Vorauswahl der Angebote und bei der Vergabeentscheidung von Relevanz. Das Interdependenz-Management ist beim Performance Contracting ebenfalls zu berücksichtigen. So sind z. B. bei der Angebotsanalyse Interdependenzen zwischen den Leistungen und Kosten, die der Performance Contracting-Anbieter offeriert, sowie deren Auswirkungen auf bestehende Prozesse zu untersuchen.

### 7.4.3 Chancen und Risiken des Performance Contracting bei der Beschaffung von Investitionsgütern

Performance Contracting wird in vielen Branchen bereits in der Praxis eingesetzt. Jedoch sind mit der Implementierung von Performance Contracting-Konzepten neben Chancen auch Risiken für die beteiligten Unternehmen verbunden (Tabelle 7.2). Diese Aspekte sollten Anbieter und Nachfrager des Performance Contracting beachten, um eine erfolgreiche Durchführung zu gewährleisten.

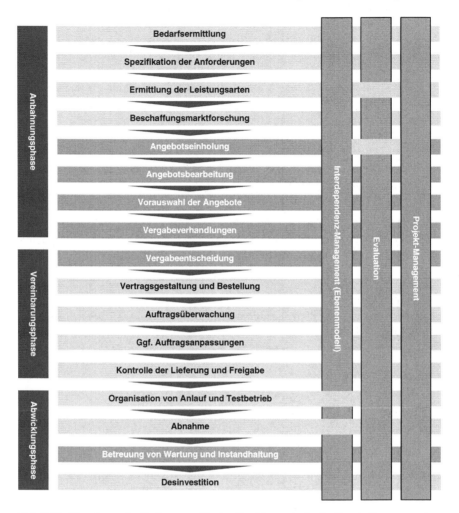

**Abb. 7.24** Einordnung des Performance Contracting-Konzeptes in den Beschaffungsgesamtprozess von Investitionsgütern

Durch Performance Contracting wird die Wettbewerbsfähigkeit des einkaufenden Unternehmens auf unterschiedliche Weise verbessert. Zum einen wird analog zum Leasing-Konzept eine Off-Balance-Sheet-Finanzierung zur Verbesserung der Working Capital-Situation[57] erreicht, zum anderen werden Synergien realisiert, die sich aus dem Betrieb der Maschinen und Anlagen durch den Anbieter ergeben. Wie die zuvor erwähnten Beispiele (Abb. 7.23) zeigen, können diese Synergien in der Realisierung von Skaleneffekten oder in einer effizienteren

---

[57] Zum Thema Ermittlung und Stärkung der Innenfinanzierung siehe Hofmann et al. (2011).

**Tabelle 7.2** Chancen und Risiken des Performance Contracting bei der Beschaffung von Investitionsgütern

| Chancen | Risiken |
|---|---|
| Verbesserung der Wettbewerbsfähigkeit, z.B. durch Konzentration auf die Kernkompetenzen (Oberziel) | Know-how Verlust des einkaufenden Unternehmens an Wettbewerber |
| Verbesserung der Working Capital-Situation durch eine Off-Balance-Sheet-Finanzierung[a] | Abhängigkeit vom Anbieter, da vorhandenes Wissen zur Errichtung und zum Betrieb der Anlage verloren gehen kann |
| Realisierung von Synergien mithilfe des Betriebes der Anlagen durch das Herstellerunternehmen bzw. einen spezialisierten Betreiber | Risiko möglicher Qualitätseinbußen aufgrund des Steuerungs- und Kontrollverlusts |
| Nutzung von Skaleneffekten und Erhöhung der Effizienz der Betriebsführung durch den Betrieb der Anlagen durch den Anbieter | Fehlerhafte Einschätzungen der (Folge-)Risiken des Performance Contracting, z.B. Verlust direkter Kundenkontakte |
| Zugriff auf neue Technologien durch das Know-how des Anbieters | Gefahr der Vertragsverlängerung zu schlechteren Konditionen oder Insolvenz des Anbieters |
| Schaffung einer günstigeren Risikostruktur durch die Verlagerung der Risiken, wie z.B. Betriebsrisiken, auf den Anbieter | Probleme beim Anlauf und der Integration der Mitarbeiter des Performance Contracting-Anbieters |
| Optimierung der Kapazitätsauslastung des einkaufenden Unternehmens durch besseres Erkennen von Prozessverbesserungen des Anbieters | Kein unmittelbarer und zügiger Zugriff auf Performance Contracting-Anbieter bei Qualitätsproblemen in der Betriebsphase |
| Potenzial zur Betriebskostensenkung durch Anlagenoptimierung und Einsparung von Produktionskosten | Unterschätzung der Kosten für die Umstrukturierung, insbesondere für Prozessanpassungen und eindeutige Spezifikationen von Schnittstellen |
| Potenzial zur Qualitätssteigerung durch zusätzliches Know-how des Anbieters | Risiko interner Widerstände aus Angst vor Personalübergang zum Anbieter |
| Steigerung der Flexibilität durch den Zugriff auf externe Personal- und Anlagenkapazitäten | Ausufernde Kosten der Vertragsgestaltung und zur Durchsetzung von Vertragsansprüchen bei Streitigkeiten |

[a] Bei der bilanzexternen Finanzierung (off-balance sheet financing) werden Vermögensgegenstände und Schulden an Zweckgesellschaften ausgegliedert, so dass sie nicht in der Bilanz erwähnt werden. Vgl. Mills / Newberry (2005), S. 252.

Betriebsführung liegen. Betreibt der Anbieter seine eigenen Anlagen, ist er in der Lage, Prozessverbesserungen zu erkennen und seine Anlagen dementsprechend zu optimieren.[58] Dies führt in der Regel zu niedrigeren Produktionskosten und damit im Regelfall auch zu geringeren Beschaffungspreisen für den Abnehmer. Werden die Einsparungen gerecht aufgeteilt, liegt eine Win-Win-Situation für beide Akteure vor. Es bietet sich nicht nur die Möglichkeit, die Kapitalkosten zu senken, sondern zusätzlich den Zugriff auf Technologien zu erhalten, die in Form einer klassischen

---

[58] Vgl. Lay (2007), S. 151.

Investition aufgrund von Budgetrestriktionen nicht finanzierbar gewesen wären.[59] Ferner können aktuelle, moderne und effiziente Anlagen ohne zeitliche Verzögerung und langfristigen Finanzplan genutzt werden, die zuvor durch Mitteleinschränkungen nicht realisierbar waren.[60] Aber auch für ausgereifte Investitionsgüter kann eine Fremdvergabe in Form eines Performance Contracting sinnvoll sein, insbesondere wenn er einen kostengünstigeren Betrieb gewährleisten kann. Analog zum Leasing besteht weiterhin der Vorteil einer Umwandlung von Fixkosten in variable Kosten.

Durch Performance Contracting kann aus Beschaffungssicht eine günstigere Risikostruktur geschaffen werden. Markt- und Absatzrisiken, die sich infolge einer sinkenden Nachfrage nach den hergestellten Produkten ergeben und folglich eine unmittelbare Auswirkung auf die Rentabilität der Investition und den Restwert der Anlage haben, können auf den Anbieter verlagert werden. Auch das Sourcing-Risiko, also die Beschaffung der für die Produktion benötigten Rohstoffe und Vorleistungen, wird häufig dem Anbieter übertragen. Zudem trägt, je nach Vertragsgestaltung, der Anbieter die Betriebsrisiken. Hierzu zählen Fehleinschätzungen von Kosten und Prozesszeiten oder das Risiko einer niedrigen Kapazitätsauslastung, wenn bei Nutzung einer Anlage durch mehrere Kunden ein Abnehmer ausfällt bzw. die Marktnachfrage sinkt. Des Weiteren kann die Verantwortung von Haftungsrisiken bei langfristigen Gewährleistungsfällen und Qualitätsbeanstandungen verlagert werden. Technische Risiken, wie beispielsweise eine unerwartet schnelle Technologiealterung, veränderte Kundenanforderungen, die neue Investitionen nach sich ziehen, sowie Umweltschäden, lassen sich ebenso an den Provider überwälzen.

Es ist jedoch davon auszugehen, dass der Anbieter diese Risiken kennt und sie dementsprechend in die Entgeltberechnung einbezieht. Da mit dem Provider ein partnerschaftliches Verhältnis anzustreben ist, um die gegenseitige Ausnutzung von opportunistischem Verhalten und Informationsasymmetrien zu verhindern, sollte der Akteur, der die Risiken am adäquatesten steuern kann, diese auch übernehmen. Aus diesem Grund kann die zumindest partielle Übernahme, z. B. der Markt- und Absatzrisiken, beispielsweise in Form von Absatzgarantien, durch das beschaffende Unternehmen sinnvoll sein.

Das Ziel beim Performance Contracting ist die Erhöhung des Outputs (z. B. der Verfügbarkeit) bei gleichen oder niedrigeren Kosten. Performance Contracting ist vor allem dann sinnvoll, wenn das Investitionsgut eine geringe Spezifität aufweist, d.h. nicht speziell für einen Anwendungsfall konzipiert wurde. In diesem Fall kann der Anbieter das Gut während der Vertragslaufzeit für andere Kunden zur Erzielung von Skaleneffekten einsetzen. So lässt sich aus Abnehmersicht insbesondere die Auslastung von Kapazitäten optimieren. Ferner ist eine geringe Spezifität Voraussetzung für eine Weiterverwendung nach Vertragsende, damit die Anlage bzw. das Gut mit überschaubarem Aufwand modernisiert und an die Bedürfnisse anderer Kunden angepasst werden kann.

---

[59] Vgl. Lay (2007), S. 158.
[60] Vgl. Mast (2004), S. 20 f.

**Abb. 7.25** Zusammenhang zwischen strategischer Relevanz und relativer Kompetenz im Kontext des Performance Contracting In Anlehnung an Wildemann (2008), S. 193.

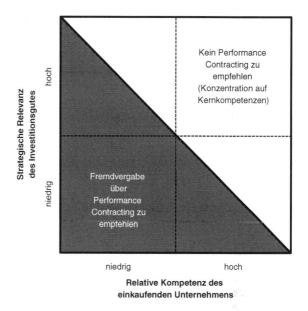

Den Chancen, die sich aus Performance Contracting ergeben, stehen jedoch auch Risiken gegenüber. So besteht die Gefahr einer wachsenden Abhängigkeit zum Anbieter, da Kompetenzen auf ihn verlagert werden. Vor allem dann, wenn Produktionsprozesse zu den Kernkompetenzen zählen, ist Performance Contracting aus Beschaffungssicht nicht sinnvoll (Abb. 7.25). Im Falle einer Beendigung der Geschäftsbeziehungen würde das Wiedererlangen dieser Kompetenzen unverhältnismäßig hohe Anstrengungen nach sich ziehen. Daher sollte das Performance Contracting nur in Betracht gezogen werden, wenn der Anbieter über höhere Kompetenzen auf dem Fachgebiet verfügt oder aber der Kernkompetenz künftig eine geringere strategische Bedeutung zugerechnet wird.[61] Die Kernkompetenzen umfassen dabei nicht nur Betriebs- und Entwicklungskompetenzen, sondern auch Ressourcen und Fähigkeiten bezüglich Qualitätsstandards und Kosteneffizienz.

### 7.4.4 Finanzierungsmodelle im Performance Contracting

Eine Umstellung des Geschäftsmodells vom klassischen Verkauf von Investitionsgütern auf Performance Contracting geht für den Anbieter mit einer Veränderung der Einnahmestruktur einher. Während durch einen Verkauf die Einnahmen unmittelbar zur Verfügung stehen, erstrecken sie sich beim Performance Contracting-Geschäft über die gesamte Vertragslaufzeit, welche im Idealfall dem Lebenszyklus

---

[61] Vgl. Lay (2007), S. 158.

der Anlage entspricht. Dies führt zu einer deutlichen Verlängerung des Cash-to-Cash Cycles. Dieser wird definiert als die Zeitspanne zwischen Zahlungsausgang für Rohstoffe und Zahlungseingang für Fertigerzeugnisse.[62] Macht das Performance Contracting-Geschäft nur einen geringen Anteil am Gesamtumsatz des Anbieters aus, ist er häufig in der Lage diese Finanzierungslücke selbständig zu schließen. Sobald dieser Geschäftszweig jedoch an Bedeutung gewinnt oder es sich bei den betroffenen Investitionsgütern um hochpreisige Produkte handelt, ist die Einbeziehung von Dritten zum Zwecke der Finanzierung notwendig. Diese kann zum einen über eine Leasinggesellschaft (Abb. 7.26), zum anderen über eine Projektgesellschaft (Abb. 7.27) erfolgen. Für das einkaufende Unternehmen haben diese Finanzierungs-Konstrukte i.d.R. die Folge, dass anstelle einer Einmalzahlung ein kontinuierlicher Zahlungsstrom tritt.

Grundlage der Finanzierung über eine Leasinggesellschaft ist das Konzept des Operate Leasing, da ein Financial Leasing die Bilanzierung beim Abnehmer zur Folge hätte. Der Anbieter verkauft die Anlage an eine Leasinggesellschaft, ist aber weiterhin für ihren Betrieb verantwortlich. Um das Marktrisiko zu begrenzen, kann die Leasinggesellschaft vom Anbieter eine Restwertgarantie einfordern. Das einkaufende Unternehmen hat für die Leistung bzw. das Ergebnis ein Entgelt an den Anbieter zu entrichten. Außerdem übernimmt das einkaufende Unternehmen als Leasingnehmer die zu zahlenden Raten. Der Anbieter kann ebenso als Leasingnehmer auftreten, so dass lediglich an ihn ein Entgelt zu zahlen ist. In diesem Fall handelt es sich um ein reines Herstellerleasing. Abnahmegarantien zur Gewährleistung von Mindesteinnahmen, die eine Bilanzierung beim Abnehmer zur Folge hätten, lassen sich vermeiden, indem weitreichende Serviceverträge abgeschlossen werden, die denselben Zweck erfüllen.

Im Zuge einer Finanzierung über eine Projektgesellschaft ist diese der Eigentümer der Anlage. Häufig sind Projektgesellschaft und Anlagenbauer durch einen

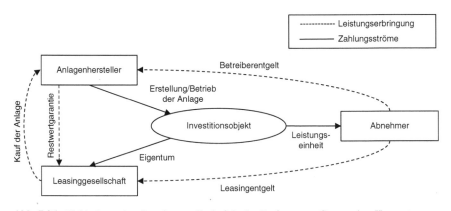

**Abb. 7.26** Einbindung einer Leasinggesellschaft in das Performance Contracting-Konzept

---

[62] Vgl. Hofmann et al. (2011), S. 18.

### 7.4 Performance Contracting im Rahmen des Investitionsgütereinkaufs

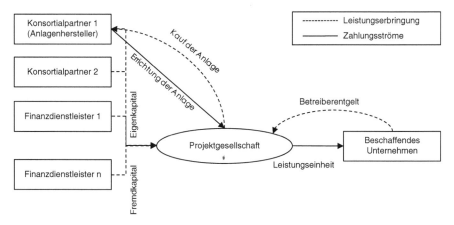

**Abb. 7.27** Einbindung einer Projektgesellschaft in das Performance Contracting-Konzept Wildemann (2008), S. 149.

Gesellschaftervertrag verbunden. Zwischen beiden Akteuren wird je nach Ausgestaltung des Performance Contracting-Konzeptes ein Service- oder Betriebsvertrag abgeschlossen. Zwischen Projektgesellschaft und Abnehmer wird die Leistung bzw. das Ergebnis vereinbart. Anlagenhersteller und Abnehmer streben, wie bei der Finanzierung über eine Leasinggesellschaft, eine Off-Balance-Sheet-Finanzierung an. Aus diesem Grund wird Fremdkapital von Finanzdienstleistern (z. B. Banken oder spezialisierte Leasinggesellschaften) aufgenommen. Bei einer hohen Komplexität der Vertragsgestaltung werden häufig sekundär beteiligte Wirtschaftssubjekte, wie Beratungsdienstleister, die bei rechtlichen, betriebswirtschaftlichen oder technischen Fragestellungen Unterstützung leisten, eingebunden. Unter Umständen garantiert der Anbieter dem Abnehmer den Betrieb. Um das Ausfallrisiko der Projektgesellschaft zu reduzieren, können die Finanzdienstleister weitere Garantien vom Anbieter einfordern.[63]

Einerseits möchten die Eigentümer der Projektgesellschaft eine bestmögliche Kontrolle über die Projektgesellschaft haben, andererseits streben sie geringstmögliche finanzielle und bilanzielle Auswirkungen auf das eigene Unternehmen an. Nach den Rechnungslegungsvorschriften der USA (US-GAAP), Deutschlands (HGB) und den internationalen Rechnungslegungsvorschriften (IAS) kann eine Bilanzierung von Kapitalbeteiligungen dann vermieden werden, wenn es sich um Minderheitsbeteiligungen handelt. Eine Aufteilung des Eigenkapitals unter drei Akteuren, die jeweils einen Anteil von weniger als 50 Prozent an der Projektgesellschaft halten, würde dieser Forderung genügen. Jedoch besteht in den meisten Ländern auch dann eine Konsolidierungspflicht, wenn ein unternehmerischer Einfluss auf die Projektgesellschaft ausgeübt werden kann.

---

[63] Vgl. Mast (2004), S. 20.

## 7.4.5 Vertragsgestaltung beim Performance Contracting

Da Performance Contracting für Anbieter und Abnehmer häufig ein neues Geschäftsmodell darstellt und das Beziehungsgeflecht häufig eine komplexe Struktur aufweist, ist insbesondere bei der Vertragsgestaltung Sorgfalt angebracht. Unvollständige Verträge führen zu Informationsasymmetrien, die unerwünschte Adverse selection-[64], Moral hazard-[65] und Hold up-Potenziale[66] nach sich ziehen können. Aus oben genannten Gründen sollte der Vertrag sowohl eine Präambel über partnerschaftliches Verhalten als auch Regelungen und Verfahrensweisen im Falle von Meinungsverschiedenheiten (Good Face Close) enthalten. Kündigungsregelungen (Voraussetzungen und Fristen) sollten ebenso vorab geregelt werden sowie Ausfallzahlungen bei technisch bedingten Anlagenausfällen. Eine eindeutige Aufgabenverteilung sowie eine klare Festlegung von Schnittstellen und Verantwortlichkeiten vor Projektbeginn sind unabdingbar. Zudem sollten vereinbarte Garantien (z. B. Vertragsdauer und Volumen) und Konditionen für eine etwaige Vertragsverlängerung im Vertrag geregelt werden.[67] Produktspezifikationen und Qualitätsstandards sind ebenfalls im Vorhinein zu klären.[68] Um adäquate Anreize zu setzen, kann ein Bonus-Malus-System eingeführt werden, welches an die Verfügbarkeit der Anlage gekoppelt ist.

## 7.4.6 Controlling beim Performance Contracting

Der Abnehmer der Performance Contracting-Leistung sollte das Controlling des Performance Contracting sowohl auf einer strategischen als auch einer operativen Ebene implementieren. Dabei sind auf der strategischen Ebene die Risiken zu überwachen. Außerdem ist die grundsätzliche Wirtschaftlichkeit des Performance Contracting-Modells zu gewährleisten. Da insbesondere bei Beginn des Vorhabens keine langfristigen Aussagen über den Gesamterfolg getroffen werden können, ist das Erstellen einer SWOT[69]-Analyse hilfreich. Eine Szenario-Analyse unter Betrachtung der zu erwartenden Erträge und Aufwendungen ermöglicht durch Berechnung des Kapitalwertes einen Vergleich der Performance Contracting-Lösung

---

[64] Wissens- oder Informationsasymmetrien, die bei Vertragsunterzeichnung bestehen, können suboptimale Ergebnisse hervorrufen. Vgl. Guesnerie / Picard / Rey (1989), S. 807.

[65] Sind die der Handlungen eines Vertragschließenden nicht beobachtbar oder nicht nachprüfbar, so kann diese Partei versuchen das Vertragsergebnis nach Vertragsschluss zu beeinflussen. Vgl. Guesnerie / Picard / Rey (1989), S. 807.

[66] Dieses Problem der Vertragstheorie wird durch einen unvollständigen Vertrag verursacht. Dabei befürchtet jede Partei nach Vertragsabschluss, nachteilige Bedingungen akzeptieren zu müssen. Vgl. Koss / Eaton (1997), S. 457 ff.

[67] Vgl. Mast (2004), S. 25.

[68] Vgl. Wildemann (2008), S. 175.

[69] Strengths, Weaknesses, Opportunities, Threats (Stärken, Schwächen, Chancen, Risiken).

## 7.4 Performance Contracting im Rahmen des Investitionsgütereinkaufs

und einer Eigeninvestition.[70] Im Mittelpunkt der operativen Ebene stehen die Planung und Überwachung von nachhaltigen Zahlungsüberschüssen und folglich einer Ergebnisoptimierung.[71] Außerdem ist das Kompetenzniveau des einkaufenden Unternehmens regelmäßig zu begutachten, um nicht in Abhängigkeit des Anbieters oder der Projektgesellschaft zu geraten und notfalls wieder aus dem Performance Contracting-Geschäft aussteigen zu können.

Bei der operativen Durchführung des Controllings durch das einkaufende Unternehmen ermöglichen Vergleiche von Kennzahlen Erkenntnisse über die Wirtschaftlichkeit des Unternehmens zu gewinnen. Beispielsweise können Kennzahlen der aktuellen Periode mit denen aus vergangenen Perioden oder mit Plan-Größen verglichen werden. Außerdem bieten sich Vergleiche in Form eines Benchmarkings mit anderen Unternehmen an.[72] Als Kennzahlen eignen sich beispielsweise der Economic Value Added (EVA, Abb. 7.28) oder der Return on Net Assets (RONA), da sie den investiven Charakter von Performance Contracting durch Berücksichtigung der operativen Kosten und Umsatzwirkung einerseits und der Kapitalkosten aufgrund bilanzieller Veränderungen andererseits gut widerspiegeln.[73]

Da der Abnehmer die durch Performance Contracting genutzten Investitionsgüter nicht besitzt, führt dies im Kennzahlensystem des Economic Value Added (EVA) zu

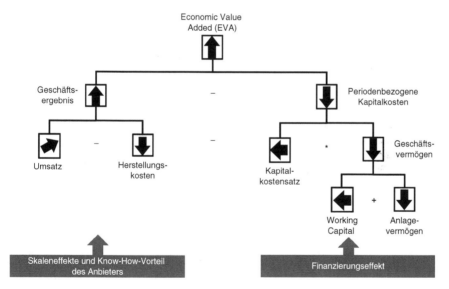

**Abb. 7.28** Einfluss des Performance Contracting auf den Unternehmenswert
Hofmann et al. (2011), S. 21.

---

[70] Vgl. Siemer (2004), S. 183 f.
[71] Vgl. Wildemann (2008), S. 179.
[72] Vgl. Reichmann (2006), S. 59.
[73] Vgl. Siemer (2004), S. 188 f.

einem geringeren Anlagen- und folglich auch Geschäftsvermögen, wodurch sich ein positiver Effekt auf die Kapitalkosten ergibt (Finanzierungseffekt). Darüber hinaus ist durch eine optimierte Betriebsführung aufgrund des Know-hows des Anbieters und von Größenvorteilen durch die Bündelung von Kundenaufträgen mit geringeren Produktionskosten zu rechnen, wovon auch der Abnehmer in Form von Preisreduktionen profitieren wird. Dadurch können die Herstellungskosten des beschaffenden Unternehmens reduziert werden. Durch den Zugang zu neuen Technologien, die zuvor zu kostenintensiv für den Abnehmer waren, steigt zudem die Qualität der Produkte. Dies stellt einen Wettbewerbsvorteil dar, der den Umsatz des Abnehmers nachhaltig positiv beeinflusst.

Bei der Betrachtung von Kennzahlen ergibt sich häufig die Schwierigkeit, dass überwiegend kurzfristige monetäre Größen in das Modell einfließen, langfristige nicht-monetäre Größen wie die Kundenzufriedenheit und Prozessqualität dagegen vernachlässigt werden.[74] Dieser Brückenschlag beim Performance Contracting von Investitionsgütern von operativem zu strategischem Controlling kann mit dem Konzept der Balanced Scorecard[75] erreicht werden.

### 7.4.7 Beschaffungsprozess von Performance Contracting-Lösungen am Beispiel einer Windkraftanlage

Im Rahmen des Investitionsgütereinkaufs sind beim Performance Contracting diverse Besonderheiten zu beachten. Im Folgenden wird daher der Beschaffungsprozess von Performance Contracting-Lösungen anhand eines Beispiels zur Beschaffung einer Windkraftanlage dargelegt.

In einem ersten Schritt wird vom beschaffenden Unternehmen ermittelt, ob Bedarf für eine Windkraftanlage besteht. Wird die Erfordernis oder Möglichkeit einer neuen Windkraftanlage erkannt oder soll eine bestehende Windkraftanlage ersetzt werden, so wird ein Team gebildet, welches die Kompetenzträger unterschiedlicher Abteilungen vereinigt und zudem das Top-Management mit einbindet. Die Beschreibung des zu lösenden Problems, d.h. der Anschaffung der Windkraftanlage, erfolgt anhand der Definition der Ergebnisse (Errichtung der Windkraftanlage), der Entscheidung über die Leistungsparameter (z. B. Schnelllaufzahl des Rotors, mittlere Jahreswindgeschwindigkeit) und der Bestimmung des aktuellen Leistungsniveaus. Im Zuge einer Marktuntersuchung werden private und öffentliche Lösungen sowie Verträge bestehender Windkraftanlagen untersucht. Zudem wird die Marktuntersuchung dokumentiert. Performance Contracting-relevante Aktivitäten, wie z. B. die Erstellung, Finanzierung, Wartung und Instandsetzung der Windkraftanlage sowie der Primärenergieeinkauf, werden im Rahmen einer Performance Contracting-Machbarkeitsprüfung analysiert. Dabei werden die Prozesse

---

[74] Vgl. Siemer (2004), S. 190; Reichmann (2006), S 584.
[75] Vgl. Girmscheid (2010), S. 139 ff.

## 7.4 Performance Contracting im Rahmen des Investitionsgütereinkaufs

hinsichtlich einer Vereinbarkeit mit dem Performance Contracting untersucht. Zusätzlich erfolgt eine Performance Contracting-orientierte Analyse der Dienstleister und Hersteller von Windkraftanlagen. Zur Ermittlung der idealen Performance Contracting-Form, d.h. einer Kopplung des Entgelts an die Verfügbarkeit oder das Ergebnis, wird eine Szenarioanalyse durchgeführt. Bei Windkraftanlagen ist eine ergebnisabhängige Entlohnung in Form eines Bonus-Malus-Systems denkbar. Dabei wird der Anlagenhersteller anhand der erzeugten Energie entlohnt. Möglich ist auch ein zweigliedriges Preissystem, welches aus einem fixen Grundpreis (z. B. €/Monat) und einem variablen Arbeitspreis (z. B. €/kWh) besteht. Infolge der Performance Contracting-Entscheidung wird die Umsetzbarkeit der Szenarien bewertet. Anschließend wird eine Wirtschaftlichkeitsanalyse durchgeführt und das Szenario fixiert. Bei der Entwicklung der Spezifikationen werden die für die Bezahlung relevanten KPIs[76] ausgewählt und definiert sowie ein Konzept zur Abbildung der KPIs im IT-System erstellt. Bei Windkraftanlagen können mögliche KPIs die Kilowattstunden-Produktion, die durchschnittliche Kilowatt-Leistung oder die Anlagenverfügbarkeit sein.

Im Rahmen der Auswahl von Vertragspartnern findet zunächst eine Lieferantenvorauswahl statt. Anschließend werden Lieferantenbesuche getätigt sowie die endgültige Lieferantenauswahl durchgeführt. Da Performance Contracting als langfristige, auf Vertrauen basierende Partnerschaft zu verstehen ist, die durch hohe Investitionssummen und lange Gesamtlaufzeiten bei einer hohen Anzahl von Beteiligten geprägt ist, bedarf es einer sorgfältigen Partnerauswahl zur Vermeidung nach Vertragsabschluss aufkommender Konflikte. Die Vertragsgestaltung beinhaltet die Festlegung der Vertragsinhalte und Konditionen. Bei der Erstellung einer Windkraftanlage können neben den üblichen Vertragsinhalten, wie z. B. Art, Qualität und Menge der Ware, Preis sowie Liefer- und Zahlungsbedingungen, speziell geregelt werden, wer die Gefahr und Kosten der Anlieferung und Montage sowie das Risiko des vorzeitigen Verschleißes der Windkraftanlage trägt und welche Partei die Windkraftanlage auf ihre Kosten in ordnungsgemäßem Zustand zu halten hat und notwendige Reparaturen durchführen muss. Ebenso sollten Kündigungsregelungen, die klare Festlegung von Schnittstellen und Verantwortlichkeiten sowie eine Rückbelastungsklausel im Falle technisch bedingtem Anlagenausfall definiert werden. Zudem erfolgt die Festlegung von Zielwerten für die einzelnen KPIs und die Festlegung des Bonus-Malus-Systems für die Leistungsvergütung.[77] In diesem Schritt wird auch der Vertragsabschluss vorgenommen. Im Anschluss daran wird im Zuge der Performance Contracting-Implementierung der Anlauf des Performance Contracting vorbereitet und schließlich die Windkraftanlage betrieben. Die Performance Contracting-Steuerung erfolgt anhand einer regelmäßigen Leistungsüberprüfung sowie einer periodischen Abrechnung über die vereinbarten Leistungsparameter.

---

[76] Vgl. Parmenter (2010), S. 4 ff.

[77] Bei Bonus-Malus-Systemen soll das gewünschte Verhalten mithilfe von positiven und negativen Anreizen gesteuert werden. Vgl. Denuit / Dhaene (2001), S. 13.

Die im Rahmen des Gesamtvorhabens gesammelten Erfahrungen werden schließlich zum Aufbau und Erweiterung der Performance Contracting-Knowledge-Base genutzt.

### 7.4.8 Fazit zum Performance Contracting

Performance Contracting ist vom Lean Management-Prinzip inspiriert und führt unter geeigneten Rahmenbedingungen zu einer effizienteren und kostengünstigeren Leistungserstellung, wovon sowohl Anbieter als auch Abnehmer profitieren. Eine grundsätzliche Eignung des Performance Contracting ist vor allem dann gegeben, wenn der Anteil der Anschaffungskosten an den Lebenszykluskosten eher gering ist und der Kundennutzen nicht durch den Besitz des Investitionsgutes, sondern durch die Inanspruchnahme einer weiteren Leistung entsteht. Wesentlich für den Erfolg eines solchen Vorhabens ist ein partnerschaftlicher Umgang der beteiligten Akteure miteinander.

Da Performance Contracting ein innovatives und komplexes Konzept darstellt, sind zur Beurteilung verschiedene Fachkenntnisse in unterschiedlichen Bereichen notwendig. Daher ist vor der Bedarfsermittlung ein Team (Buying Center) zu bilden, das die Kompetenzen aus Forschung & Entwicklung, Betrieb, Wartung und Instandsetzung, Controlling sowie Einkauf bündelt. Dieses ist in die verschiedenen Stufen des Beschaffungsprozesses (vgl. Abb. 7.24) einzubinden.

Erste Performance Contracting Modelle wurden bereits in Großprojekten, wie z. B. dem Kraftwerksbau, durchgeführt. Bisher wurde dieses Konzept unter anderem in Bereichen der Energieerzeugung, Heizung, Pressluft, Flurförderfahrzeuge, Transport, Werkzeugbau, Lackieranlagen und Pressenstraßen angewandt. Aktuell gibt es zudem Initiativen, die den Aufbau von Datenkommunikations- (z. B. LTE-Technologie), Energieversorgungs- (z. B. Windstrom aus der Nordsee) und Transportnetzen (z. B. Bahn) über Betreibergesellschaften vorsehen. In Zukunft ist von einer zunehmenden Bedeutung von Performance Contracting bei der Erzeugung regenerativer Energien auszugehen, sei es bei der Errichtung und dem Betrieb von Windkraftanlagen, wie z. B. dem Offshore-Windpark Greater Gabbard in der Nordsee,[78] oder Solaranlagen in den Wüsten Afrikas.[79]

---

[78] Vgl. Siemens Aktiengesellschaft (2011).
[79] Vgl. DESERTEC Foundation (2011).

# Kapitel 8
# Abschließendes Gesamtfazit zum Investitionsgütereinkauf

## 8.1 Zusammenfassung: Eckpunkte eines professionellen Investitionsgütereinkaufs

Das weltweite Volumen der Investitionsgüterindustrie beträgt mehrere Billionen Euro, mit steigender Tendenz. Des Weiteren weisen Investitionsgüter gegenüber anderen Beschaffungshauptgruppen zahlreiche Besonderheiten auf. Dabei existieren auch innerhalb der Gruppe der Investitionsgüter große Unterschiede, wie z. B. bei standardisierten und individuellen sowie materiellen und immateriellen Investitionsgütern. Diese Besonderheiten der Güter wirken sich auch auf die Beschaffung der Investitionsgüter aus. So ist diese beispielsweise durch die Beschaffung in Form von sogenannten Buying Centern, einer unregelmäßigen Beschaffung, einem hohen finanziellen Einsatz, einer langen Beschaffungszeit sowie Entscheidungen in Abhängigkeit weiterer Investitionsentscheidungen gekennzeichnet. Der Prozess zur Beschaffung von Investitionsgütern bedarf daher besonderer Aufmerksamkeit und einer systematischen Vorgehensweise.

Ausgehend von diesen Besonderheiten ergeben sich im Rahmen des Investitionsgütereinkaufs zahlreiche Herausforderungen. Beispiele hierfür sind die Schwierigkeit der Erfolgsmessung, die große Bedeutung der Vergabeentscheidung, die Notwendigkeit die Gesamtkosten zu berücksichtigen sowie die Komplexität und Vielseitigkeit des Beschaffungsprozesses. Zur Bewältigung dieser Herausforderungen wurde anschließend ein Prozessmodell sowie spezielle Instrumente und Methoden zum Investitionsgütereinkauf vorgestellt.

Obwohl Investitionsgüter i.d.R. individuell geprägt sind, ähnelt sich der Prozess zur Beschaffung dieser Güter in vielen Fällen. Der vorgestellte Prozess soll hierbei einen geeigneten Rahmen für den Investitionsgütereinkauf darstellen. Dieser besteht aus 17 Prozessschritten von der Bedarfsermittlung bis zur Desinvestition und lässt sich grob in eine Anbahnungs-, Vereinbarungs- und Abwicklungsphase gliedern. Begleitet werden diese Schritte durch die parallel laufenden Querschnittsaktivitäten Interdependenz-Management, Evaluation und Projekt-Management.

Hinsichtlich der vorgestellten Instrumente und Methoden wird in Bezug auf die beteiligten Akteure und in Bezug auf die Eigenschaften von Investitionsgütern unterschieden. Diese sollen jeweils dazu dienen, den Investitionsgütereinkauf zu unterstützen und dadurch zu professionalisieren. Jede der erläuterten

Instrumente und Methoden wurde dabei in den Gesamtprozess zur Beschaffung von Investitionsgütern eingeordnet und anhand des Fallbeispiels zur Beschaffung einer Windkraftanlage erläutert.

Relevante Instrumente und Methoden in Bezug auf die beteiligten Akteure beim Investitionsgütereinkauf sind:

- Compliance Management: Durch die Einhaltung von Gesetzen, Standards und Regelungen sollen wirtschaftliche Risiken minimiert und Haftungsrisiken sowie Reputationsschäden vermieden werden.
- Savings-Messung: Im Kontext des Beschaffungscontrollings wurden verschiedene Verfahren zur Messung des monetären Einkaufserfolges vorgestellt und auf ihre Eignung für den Investitionsgütereinkauf untersucht.

Instrumente und Methoden in Bezug auf die Eigenschaften von Investitionsgütern bei dem Investitionsgütereinkauf sind:

- Life Cycle Costing und Total Cost of Ownership: Diese Ansätze dienen zur Erfassung der gesamten, mit der Beschaffung eines Investitionsgutes verbundenen Kosten über den gesamten Lebenszyklus hinweg.
- Optimale Nutzungsdauer und optimaler Ersatzzeitpunkt: Beim Kauf und dem Betrieb von Investitionsgütern stellt sich die Frage nach der wirtschaftlich optimalen Nutzungsdauer und des wirtschaftlich optimalen Ersatzzeitpunktes. Zur Beantwortung dieser Frage wurden verschiedene Verfahren zur Bestimmung der maximalen Zahlungsüberschüsse vorgestellt.
- Realoptionen zur Bewertung von Investitionsalternativen: Realoptionen stellen eine Methode zur Entscheidungsfindung dar, welche die Unsicherheit der Investition und die Flexibilität des Managements berücksichtigen. Hierzu wurde die Funktionsweise anhand des Fallbeispiels erläutert.
- Performance Contracting: Beim Performance Contracting erwirbt das beschaffende Unternehmen eine komplette Problemlösung in Form eines Leistungsbündels aus Sach- und Dienstleitungen. Zu diesem Modell wurden Chancen und Risiken, mögliche Finanzierungsmodelle, die Vertragsgestaltung, das Controlling dieses Modells und der Beschaffungsprozess diskutiert.

Der vorgestellte Prozess sowie die Instrumente und Methoden bilden keinen abschließenden Rahmen beim Investitionsgütereinkauf. Dennoch stellen sie ein umfassendes Methodenset zur Bewältigung der vorgestellten Herausforderungen dar, bei deren Umsetzung der Investitionsgütereinkauf erfolgreicher und strukturierter bewerkstelligt werden kann.

## 8.2 Ausblick: Quo vadis Investitionsgütereinkauf?

Der Investitionsgütereinkauf hat sehr großen Einfluss auf den wirtschaftlichen Erfolg von Unternehmen. Zum einen ist er i.d.R. mit sehr hohen Anschaffungskosten verbunden. Zum anderen werden dadurch noch höhere Folgekosten

## 8.2 Ausblick: Quo vadis Investitionsgütereinkauf?

verursacht und auch die Produktivität eines Unternehmens auf lange Zeit beeinflusst. Dennoch hat der Professionalisierungsgrad des Investitionsgütereinkaufs in vielen Unternehmen noch nicht das erforderliche Niveau erreicht.

Für die Praxis ergeben sich daher in Bezug auf den Investitionsgütereinkauf noch zahlreiche Aufgaben zur Prozessverbesserung, die mit Hilfe der vorliegenden Ausführungen adressiert werden können. Ein wesentlicher Baustein hierbei ist die Berechnung der Total Cost of Ownership bzw. der Lebenszykluskosten bei jeder Art von Investitionsgütereinkauf. Nur durch Ermittlung dieser Kosten können objektive Aussagen über die Vorteilhaftigkeit von Alternativen getroffen werden. Des Weiteren ist zu berücksichtigen, dass zahlreiche Alternativen zum traditionellen Kauf von Investitionsgütern bestehen. Hierzu zählt die Nutzung alternativer Finanzierungsinstrumente (z. B. Miete und Leasing) sowie die Umsetzung von Betreibermodellen (z. B. Performance Contracting). Diese Alternativen sollten sorgfältig identifiziert und bewertet werden. Ein weiteres Thema, das in der unternehmerischen Praxis bislang nur unzureichend umgesetzt wird, betrifft die Implementierung einer Erfolgsmessung für den Investitionsgütereinkauf und deren Verknüpfung mit entsprechenden Anreizsystemen für die beteiligten Akteure. Obwohl diese Aufgabe zunächst komplex erscheint, lohnt es sich dieses Thema anzugehen. So zeigen zahlreiche Studien, dass sich eine Erfolgsmessung im Einkauf positiv auf den Einkaufs- und Unternehmenserfolg auswirkt. Außerdem offenbaren zahlreiche Praxisbeispiele, dass viele Unternehmen erheblichen Nachholbedarf beim Compliance Management im Investitionsgütereinkauf haben. Durch die Vermeidung von materiellen Schäden und Imageschäden, Strafzahlungen sowie notwendigen Maßnahmen hat eine konsequente Umsetzung eines Compliance Managements ebenfalls einen wirtschaftlichen Nutzen für Unternehmen und sollte daher proaktiv umgesetzt werden.

Doch auch aus wissenschaftlicher Sicht ist der Investitionsgütereinkauf von hoher Relevanz. Im Vergleich zu anderen Disziplinen der Betriebswirtschaftslehre ist der gesamte Bereich Einkauf und Beschaffung relativ wenig untersucht. Dies trifft insbesondere für den Investitionsgütereinkauf zu, der bislang eher aus Sicht des Marketings untersucht wurde. So gibt es zahlreiche Felder, die einer wissenschaftlichen Analyse bedürfen. Ein Beispiel für das Performance Contracting beim Investitionsgütereinkauf ist die theoretische Weiterentwicklung der Wirtschaftlichkeitsbeurteilung, des Beschaffungsprozesses und des Risikomanagements. Daneben stellt sich aus wissenschaftlicher Sicht weiterhin die Frage nach dem organisatorischen Aufbau und Ablauf der Durchführung der Savings-Messung, der Technologieprognose und dem Komplexitätsmanagement beim Investitionsgütereinkauf. Zur Untersuchung der Anwendung von Instrumenten und Methoden zum Investitionsgütereinkauf in der Unternehmenspraxis und deren Auswirkungen auf den Einkaufs- bzw. Unternehmenserfolg bietet sich die Fallstudienforschung sowie die Durchführung großzahliger, empirischer Untersuchungen an. Des Weiteren sollten formalanalytische Modelle für verschiedene Bereiche, wie z. B. zur Savings-Messung, für Anreizsysteme und Bonus-Malus-Vereinbarungen sowie zur Risikobewertungen, entwickelt werden.

# Literaturverzeichnis

Amram, M. / Kulatilaka, N. (1999): Real Options: Managing Strategic Investment in an Uncertain World. Boston 1999.
Arnolds, H. et al. (2010): Materialwirtschaft und Einkauf: Grundlagen – Spezialthemen – Übungen. 11. Auflage. Wiesbaden 2010.
Backhaus, K. (1982): Investitionsgüter-Marketing. München 1982.
Backhaus, K. / Voeth, M. (2007): Industriegütermarketing, 8. Auflage. München 2007.
BASF Coatings (2011): Systempartner: Einer für alles. http://www.basf-coatings.de/de_DE/products/eco_cooperation-concepts.xml, abgerufen am 24.03.2011.
Becker, J. / Rieke, T. (2005): Adaptive Risikoreferenzmodellierung. In: Keuper et al. (Hrsg.): Integriertes Risiko- und Ertragsmanagement, S. 267–293.
Bellman, R. (1955): Equipment Replacement Policy. Journal of the Society for Industrial and Applied Mathematics 3(1955)3, S. 133–136.
Bittler, J. / Horvath, P. / Kargl, H. (1972): Methoden der Wirtschaftlichkeitsrechnung für die Datenverarbeitung. München 1972.
Brewer, P. C. / Speh. T. W. (2000): Using the Balanced Scorecard to Measure Supply Chain Performance. Journal of Business Logistics 21(2000)1, S. 75–93.
Buchholz, W. (2002): Messung und Darstellung von Beschaffungsleistungen. Zeitschrift für betriebswirtschaftliche Forschung, 54(2002)6, S. 363–380.
Bünting, F. (2008): Lebenszykluskostenbetrachtungen bei Investitionsgütern. In: Schweiger, S. (Hrsg.): Lebenszykluskosten optimieren: Paradigmenwechsel für Anbieter und Nutzer von Investitionsgütern, Wiesbaden 2009.
Bürkle, J. (2005): Corperate Compliance – Pflicht oder Kür für den Vorstand der AG. Betriebs-Berater 60(2005)11, S. 565–570.
Büsch, M. (2007): Praxishandbuch Strategischer Einkauf: Methoden, Verfahren, Arbeitsblätter für professionelles Beschaffungsmanagement. Wiesbaden 2007.
Carter, P. L. / Monczka R. M. (1978): Measuring Purchasing Performance. Management Review 67(1978)6, S. 27–42.
Carter, P. L. / Monczka R. M. (2005): Strategic Performance Measurement for Purchasing and Supply. Tempe 2005.
Cooper, R. / Slagmulder, R. (1999): Supply Chain Development for the Lean Enterprise: Interorganizational Cost Management. Montvale 1999.
Copeland, T. / Antikarov, V. (2001): Real Options: A Practitioner's Guide. New York 2001.
Copeland, T. / Tufano, P. (2004): A Real-World Way to Manage Real Options. Harvard Business Review 82(2004)3, S. 90–99.
Daimler Fleet Management GmbH (2011): 10 Jahre DaimlerChrysler Fleet Management. http://www.daimler-fleetmanagement.com/fleet-de/0-1107-1229125-49-1229610-1-0-0-0-0-1-16186-1229109-0-0-0-0-0-0.html, abgerufen am 23.03.2011.
Datamonitor (2010): Global Capital Goods. Industry Profile. New York et al. 2010.

Decker, C. / Paesler, S. (2004): Financing of Pay-on-Production-Models: Berichte aus dem Weltwirtschaftlichen Colloquium der Universität Bremen, Nr. 92. www.iwim.uni-bremen.de/publikationen/pdf/b092.pdf, abgerufen am 29.03.2011.

Denuit, M. / Dhaene, J. (2001): Bonus-Malus Scales Using Exponential Loss Functions. Blätter der DGVFM 25(2001)1, S. 13–27.

DESERTEC Foundation (2011): Das Desertec-Konzept. http://www.desertec.org/de/konzept/, abgerufen am 28.03.2011.

Deutsche Bundesbank (2011): Zeitreihe BBDE1.M.DE.W.AEA1.A2P320000.F.V.I05.A: Auftragseingang Insgesamt / in jeweiligen Preisen / Deutschland / Investitionsgüter / nur kalenderbereinigt, http://www.bundesbank.de/statistik/statistik_zeitreihen.php?open=konjunktur&func =row&tr=BBDE1.M.DE.W.AEA1.A2P320000.F.V.I05.A&year=, abgerufen am 01.04.2011.

Dobler, D. W. / Burt, D. N. / Lamar, L. Jr. (1990): Purchasing and Materials Management: Text and Cases. 5. Auflage. New York 1990.

Eilenberger, E. (2003): Betriebliche Finanzwirtschaft. München 2003.

Ellram, L. M. (1993): A Framework for Total Cost of Ownership. The International Journal of Logistics Management, 4(1993)2, S. 49–60.

Ellram, L. M. (1995): Total Cost of Ownership: An Analysis Approach for Purchasing. International Journal of Physical Distribution & Logistics Management, 25(1995)8, S. 4–23.

Ellram, L. M. / Siferd, S. P. (1998): Total Cost of Ownership: A Key Concept in Strategic Cost Management Decisions. Journal of Business Logistics, 19(1998)1, S. 55–84.

Ellram, L. M. (2002): Total Cost of Ownership. In: Hahn, D. / Kaufmann, L. (Hrsg.): Handbuch Industrielles Beschaffungsmanagement: Internationale Konzepte – Innovative Instrumente – Aktuelle Praxisbeispiele, 2. Auflage, Wiesbaden 2002, S. 659–671.

Emiliani, M. L. / Stec, D. J. / Grasso, L. P. (2005): Unintended Responses to a Traditional Purchasing Performance Metric. Supply Chain Management: An International Journal 10(2005)3, S. 150–156.

Engelhardt, W. H. / Günter, B. (1981): Investitionsgüter – Marketing. Stuttgart et al. 1981.

Entchelmeier, A. (2008): Supply Performance Measurement: Leistungsmessung in Einkauf und Supply Management. Wiesbaden 2008.

Europäische Union (2007): Verordnung (EG) Nr. 656/2007 der Kommission vom 14. Juni 2007 zur Änderung der Verordnung (EG) Nr. 586/2001 zur Durchführung der Verordnung (EG) Nr. 1165/98 des Rates über Konjunkturstatistiken: Definition der industriellen Hauptgruppen (MIGS). Brüssel 2007.

Ewert, R. / Ernst C. (1999): Target Costing, Co-ordination and Strategic Cost Management. European Accounting Review 8(1999)1, S. 23–50.

Fissenewert, P. (2010): Legal Compliance und Haftung. In: Behringer, S. (Hrsg.): Compliance kompakt: Best Practice im Compliance Management. Berlin 2010.

Freiling, J. (2002): Der Wandel vom industriellen Produkt- zum Dienstleistungsgeschäft – dargestellt am Beispiel der Umsetzung von Betreibermodellen im mitteleuropäischen Maschinenbau. In: Mühlbacher, / H. Thelen, E. (Hrsg.), Neue Entwicklungen im Dienstleistungsmarketing. Wiesbaden 2002, S. 203–222.

Freiling, J. / Buse, C. / Weißenfels, S. (2004): Strategische Grundfragen der Etablierung von Betreibermodellen. In: Meier, H. (Hrsg.): Dienstleistungsorientierte Geschäftsmodelle im Maschinen- und Anlagenbau – vom Basisangebot bis zum Betreibermodell. Berlin et al. 2004, S. 63–83.

Gabler Wirtschafts-Lexikon (2011): Stichwort: Investitionsgüter. http://wirtschaftslexikon.gabler.de/Archiv/2624/investitionsgueter-v6.html, abgerufen am 12.01.2011.

Girmscheid, G. (2010): Strategisches Bauunternehmensmanagement: Prozessorientiertes integriertes Management für Unternehmen in der Bauwirtschaft. 2. Auflage. Berlin et al. 2010.

Gleich, R. (1997): Performance Measurement. Die Betriebswirtschaft 57(1997)1, S. 114–117.

Goede, G. W. (2003): Wirtschaftsenglisch-Lexikon: Englisch-deutsch, deutsch-englisch. München 2003.

Götze, U. (2006): Investitionsrechnung: Modelle und Analysen zur Beurteilung von Investitionsvorhaben. 5., überarbeitete Auflage. Berlin, Heidelberg 2006.
Götze, U. / Northcott, D. / Schuster, P. (2008): Investment Appraisal: Methods and Models. Berlin et al. 2008.
Guesnerie, R. / Picard, P. / Rey, P. (1989): Adverse Selection and Moral Hazard with Risk Neutral Agents. EER – European Economic Review 33(1989)4, S. 807–823.
Hansen, D. R. / Mowen, M. M. / Guan, L. (2009): Cost Management: Accounting & Control. 6. Auflage. Mason 2009.
Hartmann, E. et al. (2007): A Theory-Based Framework for Integrated Supply Performance Measurement. In: Specht, D. (Hrsg.): Strategische Bedeutung der Produktion. Wiesbaden 2007, S. 129–146.
Hauschka, C. E. (2008): Einführung. In: Umnuss, K. (Hrsg.): Corporate Compliance Checklisten. München 2008.
Herrmann, C. (2010): Ganzheitliches Life Cycle Management: Nachhaltigkeit und Lebenszyklusorientierung in Unternehmen. Heidelberg 2010.
Hertel, J. / Zentes, J. / Schramm-Klein, H. (2005): Supply-Chain-Management und Warenwirtschaftssysteme im Handel. Berlin et al. 2005.
Hilpisch, Y. (2006): Options Based Management: Vom Realoptionsansatz zur optionsbasierten Unternehmensführung. Wiesbaden 2006.
Hinrichs, J. (2003): Kontext-Indexierung – Dokumentenmanagement im Spannungsfeld zwischen arbeitsorganisatorischer Kompetenz und Knowledge Engineering. Aachen 2003.
Hildebrandt, A. (2010): Vor- und Nachteile der Etablierung einer Matrix-Organisation im Einkauf – wann verspricht diese Organisationsform den größten Mehrwert. In: Fröhlich, L. / Lingohr, T. (Hrsg.): Gibt es die optimale Einkaufsorganisation. Organisatorischer Wandel und pragmatische Methoden zur Effizienzsteigerung. Wiesbaden 2010, S. 59–77.
Hofmann, E. et al. (2011): Wege aus der Working Capital-Falle: Steigerung der Innenfinanzierungskraft durch modernes Supply Management. Heidelberg et al. 2011.
Howell, S. et al. (2001): Real Options: Evaluating Corporate Investment Opportunities in a Dynamic World. London 2001.
Hypko, P. / Tilebein, M. / Gleich, R. (2010): Clarifying the Concept of Performance-Based Contracting in Manufacturing Industries. Journal of Service Management, 21(2010)5, S. 625–655.
Kaplan, R. / Norton, D. P. (1992): The Balanced Scorecard: Measures That Drive Performance. Harvard Business Review 70(1992)1, S. 71–79.
Kleikamp, C. (2002): Performance Contracting auf Industriegütermärkten: Eine Analyse der Eintrittsentscheidung und des Vermarktungsprozesses. Diss., Westfälische Wilhelms-Universität Münster 2002.
Koss, P. A. / Eaton, B. C. (1997): Co-specific Investments, Hold-Up Self-Enforcing Contracts. Journal of Economic Behavior & Organization 32 (1997)3, S. 457–470.
Kreuzpointner, A. / Reißer, R. (2006): Praxishandbuch Beschaffungsmanagement. Wiesbaden 2006.
Küng, P. / Wettstein, T. (2001): Performance Measurement-Systems – There Is a Long Road Ahead. In: o.V.: Proceedings of the International Workshop on Performance Measurement. Glasgow 2001, S. 1–17.
Large, R. (2009): Strategisches Beschaffungsmanagement: Eine praxisorientierte Einführung. 4. Auflage. Wiesbaden 2009.
Lay, G. (2007): Betreibermodelle für Investitionsgüter: Verbreitung, Chancen und Risiken, Erfolgsfaktoren. Karlsruhe 2007.
Lee, C. F. / Lee, A. C. (2006): Encyclopedia of Finance. New York 2006.
Leenders M. R. et al. (2006): With 50 Supply Chain Cases: Purchasing and Supply Management. New York 2006.
Lynch, R. L. / Cross, K. F. (1995): Measure Up!: Yardsticks for Continuous Improvement. 2. Auflage. Massachusetts 1995.

Mast, W. F. (2004): Pay on Production: Langfristige Partnerschaft mit Verantwortungstransfer. In: Meier, H. (Hrsg.): Dienstleistungsorientierte Geschäftsmodelle im Maschinen- und Anlagenbau: Vom Basisangebot bis zum Betreibermodell. Berlin et al. 2004, S. 15–29.

Mercedes-Benz (2011): CharterWay Miet und Fahr. http://www.mercedes-benz.de/content/germany/mpc/mpc_germany_website/de/home_mpc/van/home/services_accessories/charterway/charterway_rent/rent_and_drive.html, abgerufen am 24.03.2011.

Miller, S. S. (1955): How to Get the Most out of Value Analysis. Harvard Business Review 33(1955)1, S. 123–132.

Mills, L. F. / Newberry, K. J. (2005): Firms' Off-Balance Sheet and Hybrid Debt Financing: Evidence from Their Book-Tax Reporting Differences. Journal of Accounting Research 43(2005)2, S. 251–282.

Mohr, G. (2009): Supply Chain Sourcing. Konzeption und Gestaltung von Synergien durch mehrstufiges Beschaffungsmanagement. Diss., Universität der Bundeswehr München 2009.

Muirhead, J. P. (1858): The Life of James Watt. London 1858.

Nollet, J. et al. (2008): When Excessive Cost Savings Measurement Drowns the Objectives. Journal of Purchasing & Supply Management 14(2008)2, S. 125–135.

Noske, H. (2007): Billig kann teuer sein: TCO im Einkauf und in der Entwicklung von Investitionsgütern. München 2007.

Obermeier, T. / Gasper, R. (2008): Investitionsrechnung und Unternehmensbewertung. München 2008.

Parmenter, D. (2010): Key Performance Indicators: Developing, Implementing, and Using Winning KPIs. New Jersey 2010.

Poggensee, K. (2009): Investitionsrechnung Grundlagen – Aufgaben – Lösungen. Wiesbaden 2009.

Quitt, A. / Henke, M. / Gleich, R. (2010): Budgetwirksamkeit als Maßstab der Einkaufseffektivität - ein Messleitfaden für die Praxis. In: Gleich, R. / Klein, A. (Hrsg.): Der Controlling-Berater Band 6 – Beschaffungs-Controlling. Freiburg 2010, S. 61–80.

Reap, J. et al. (2008): A Survey of Unresolved Problems in Life Cycle Assessment. The International Journal of Life Cycle Assessment 13(2008)4, S. 290–300.

Reichmann, T. (2006): Controlling mit Kennzahlen und Management-Tools: Die systemgestützte Controlling-Konzeption. 7. überarbeitete und erweiterte Auflage. München 2006.

Reinisch, M. et al. (2008): Performance Measurement im Einkauf: Eine empirische Untersuchung. Controlling – Zeitschrift für erfolgsorientierte Unternehmensteuerung 20(2008)11, S. 608–616.

Reuter, C. / Hartmann, E. (2008): Tipps zur Formulierung Ihrer Savings Guideline: Erfolge des Einkaufs verständlich darstellen. BA Beschaffung aktuell 54(2008)10, S. 48–50.

Rodewald, J. / Unger, U.: Corporate Compliance – Organisatorische Vorkehrungen zur Vermeidung von Haftungsfällen der Geschäftsleitung. Betriebs-Berater, 61(2006)3, S. 113–117.

Rüdrich, G. / Kalbfuß, W. / Weißer, K. (2004): Konzeption des Materialgruppenmanagements. In: Rüdrich G. / Kalbfuß W. / Weißer K. (Hrsg.): Materialgruppenmanagement: Quantensprung in der Beschaffung. 2. Auflage. Wiesbaden 2004.

Saaty, T. L. (1990): How to Make a Decision: The Analytic Hierarchy Process. In: European Journal of Operational Research, 48(1990)1, S. 9–26.

Schierenbeck, H. (2003): Grundzüge der Betriebswirtschaftslehre. München 2003.

Schneider, U. H. (2003): Compliance als Aufgabe der Unternehmensleitung. ZIP – Zeitschrift für Wirtschaftsrecht, 24(2003)15, S. 645 ff.

Schulmerich, M. (2010): Real Options Valuation: The Importance of Interest Rate Modelling in Theory and Practice. Berlin 2010.

Schweiger, S. (2008): Lebenszykluskostenoptimierung bei Maschinen und Anlagen. Industrie Management 24(2008)5, S. 25–28.

Siemens Aktiengesellschaft (2011): Offshore Wind Power Solutions. http://www.energy.siemens.com/hq/en/power-generation/renewables/wind-power/offshore.htm#content=History, abgerufen am 28.03.2011.

Siemer, F. (2004): Gestaltung von Betreibermodellen für anlagentechnische Unternehmensinfrastrukturen: Eine theoretische Untersuchung und Fallstudienanalyse. Diss., Technische Universität München 2004.

Sievers, K. (2010): Beschaffungscontrolling – Unterstützung des wertorientierten Beschaffungsmanagement. BA Beschaffung aktuell 56(2010)2, S. 30–31.

Smeltzer, L. R. / Manship J. A. (2003): How Good Are Your Cost Reduction Measures? Supply Chain Management Review 7(2003)3, S. 28–33.

Staab, S. (2002): Wissensmanagement mit Ontologien und Metadaten. Informatik-Spektrum 25(2002)3, S. 194–209.

Statistisches Bundesamt (2011a): Beschäftigte und Umsatz der Betriebe im Verarbeitenden Gewerbe: Deutschland, Jahre, Wirtschaftszweige (WZ2008 Hauptgruppen und Aggregate). Code 42111-0001. https://www-genesis.destatis.de, abgerufen am 12.01.2011.

Statistisches Bundesamt (2011b): VGR des Bundes – Produktionswert (nominal/preisbereinigt): Deutschland, Jahre, Wirtschaftsbereiche. Code 81000-0101. https://www-genesis.destatis.de, abgerufen am 12.01.2011.

Steiner, M. (2004): Stichwort: Investitionsgüter. In: Lück (Hrsg.): Lexikon der Betriebswirtschaft. München 2004.

Stölzle, W. / Heusler, K. F. / Karrer, M. (2001): Die Integration der Balanced Scorecard in das Supply Chain Management – Konzept (BSCM). Logistik Management 3(2001)2–3, S. 73–85.

Swan, A. et al. (2002): Coming into Focus: Using the lens of Economic Value to Clarify the Impact of B2B E-Marketplaces. In: Hahn, D. / Kaufmann, L. (Hrsg.): Handbuch Industrielles Beschaffungsmanagement, 2. Auflage, Wiesbaden 2002, S. 783–797.

Terwiesch, C. / Bohn, R. E. (1998). Learning and Process Improvement during Production Ramp-Up. UC San Diego 1998.

The Dow Chemical Company (2011): Chemical Leasing innerhalb des SAFECHEM Geschäftsmodells. http://www.dow.com/safechem/eu/du/about/chemical_leasing.htm, abgerufen am 23.03.2011.

Töpfer, A. (2007): Betriebswirtschaftslehre: Anwendungs- und prozessorientierte Grundlagen. 2. überarbeitete Auflage. Berlin et al. 2007.

Voigt, K.-I. (2008): Industrielles Management: Industriebetriebslehre aus prozessorientierter Sicht. Berlin et al. 2008.

Wagner, S. M. / Kaufmann, L. (2004): Overcoming the Main Barriers in Initiating and Using Purchasing-BSCs. Journal of Purchasing and Supply Management 10(2004)6, S. 269–281.

Weber, M. P. (2000): Investitionsgüter richtig beschaffen. Verfahren und Methoden für den technischen Projekteinkauf. Aarau 2000.

Webster, F. E. / Wind, Y. (1972): A General Model for Understanding Organizational Buying Behavior. The Journal of Marketing 36(1972)2, S. 12–19.

Wildemann, H. (2008): Betreibermodelle: Leitfaden zur Berechnung, Konzeption und Einführung von Betreibermodellen und Pay-on-Production-Konzepten. 7. Auflage. München 2008.

Woodward, D. G. (1997): Life Cycle Costing–Theory, Information Acquisition and Application. International Journal of Project Management 15(1997)6, S. 335–344.

Wübbenhorst, K. L. (1986): Life Cycle Costing for Construction Projects. Long Range Planning, 19(1986)4, S. 87–97.

Wünsche, M. (2007): Nutzen statt kaufen – industrielle Betreiberkonzepte als innovative Vermarktungsform. In: Belz, C. / Schögel, M. / Tomczak T. (Hrsg.): Innovation Driven Marketing: Vom Trend zur innovativen Marketinglösung. Wiesbaden 2007, S. 308–319.

Wünsche, M. (2009): Finanzwirtschaft der Bilanzbuchhalter: Mit Übungsklausuren für die IHK-Prüfung. 2. Auflage. Wiesbaden 2009.

Xerox (2011): Xerox Leasing Deutschland GmbH. http://www.xerox.de/about-xerox/financing/dede.html, abgerufen am 31.03.2011.